BUCHREIHE BALLSCHULE

HERAUSGEBER
PROF. DR. KLAUS ROTH

Bibliografische Information der Deutschen Nationalbibliothek
Die Deutsche Nationalbibliothek verzeichnet diese Publikation in der Deutschen Nationalbibliografie; detaillierte bibliografische Daten sind im Internet über http://dnb.d-nb.de abrufbar.

Wir danken Patrick Jahnke für seine Unterstützung beim Erstellen der Torwartübungen und Sabrina Erdrich für ihr Kapitel zum Thema Verletzungsprophylaxe.

Bestellnummer 8020

www.hofmann-verlag.de

Titelbild und Foto Seite 130: Liborio Giacomazzo
Fotos: Andreas Klewe
Fotos Kapitel 10: Holger Erdrich und Klaus Behnke
Fotos S. 23, 63, 97: Ina Knobloch

Druck: StieberDruck GmbH, Lauda-Königshofen

Printed in Germany
ISBN 978-3-7780-8020-7

INHALT

HINWEIS

Nur aus Gründen der besseren Lesbarkeit wird die männliche Form verwendet, gemeint sind immer Personen aller Geschlechter

VORWORT

Die Ballschule Heidelberg wurde vor mehr als 20 Jahren gegründet und hat von Beginn eingeschlagen wie ein „unhaltbarer Schuss". Ihr unverkennbares Markenzeichen sind die Gütesiegel der Vielseitigkeit, der Entwicklungsgemäßheit sowie des freudbetonten, spielerisch-unangeleiteten Lernens. Auf der Grundlage dieser Prinzipien sind u. a. Programme bzw. Lehrpläne für die U3-Ballschule, die Mini-Ballschule, die sportartübergreifende und die sportspielgerichteten Ballschulen (Wurfspiele, Rückschlagspiele) entstanden. Sie werden heute weltweit und mit großem Erfolg in Kindergärten, Grundschulen und Sportvereinen umgesetzt.

Die Philosophie der Ballschule hat – mit ihrem übergeordneten Leitsatz „Vom Allgemeinen zum Spezifischen" – in der vergangenen Dekade die internationale Diskussion zur Sportspielvermittlung mitgeprägt. Das gilt vor allem für die Beantwortung der zentralen Frage nach der Frühspezialisierung von Sportspieltalenten („Is it Wise to Specialize?"). Die Mehrheitsmeinungen haben sich hier immer eindeutiger hin zu der Ballschul-Sichtweise verschoben, dass – im Sinne der Entwicklung einer Physical Literacy, wir würden sagen: einer ausgewogenen Allgemeinmotorik – dem Nachwuchstraining eine umfassende Basisausbildung (Active Start, FUNdamentals, Learn to Train) vorgeschaltet werden sollte. Dieser Standpunkt beruht keineswegs nur auf Überzeugungen, sondern wird mittlerweile durch eine große Zahl von Praxiserfahrungen und wissenschaftlichen Befunden untermauert.

Ballschule Heidelberg

Mit der neuen Buchreihe wird neben der kontinuierlichen Verbesserung der bestehenden Programme ein dreifacher Transfer der Ballschul-Idee angestrebt. Er betrifft erstens die Berücksichtigung spezieller Zielgruppen und zweitens die Kombination unserer Kindersportangebote mit weiteren Feldern der kindlichen Persönlichkeitsentwicklung. Hier wurden und werden u a. Konzepte für Kinder mit ADHS, für übergewichtige und körperbehinderte Kinder sowie ergänzende Inhalte zur Sprachförderung (Motorik ABC) und zur Schulung der Exekutiven Funktionen (MoBil) erprobt und wissenschaftlich evaluiert.

Der dritte für uns wichtige Transferaspekt ist auf eine Einbindung des Ballschulgedankens in die Anfängerausbildung der verschiedenen Sportspiele gerichtet. Mit dem vorliegenden Band übernimmt die Sportart Handball so etwas wie eine Vorreiterfunktion. Die Ballschule Handball beinhaltet – nach der 2018 veröffentlichten Ballschule Golf – das zweite Programm, mit dem die allgemeinen und sportspielgerichteten Schulungen sportartspezifisch fortgeschrieben werden. Man könnte es auch so ausdrücken: die Ballschule Handball ist die letzte Treppenstufe der Ballschule und die erste Vorstufe der Leistungstreppe zum Erfolg im

Handball. Sie ist damit ein klassisches konzeptionelles Bindeglied und ein gutes Beispiel für das gestaltpsychologische Motto, dass „das Ganze mehr (wert) sein kann als die Summe seiner Teile".

Das Buch Ballschule Handball ist kein Kochbuch mit vorgegebenen Rezepten. Es enthält Spiel- und Übungssammlungen für Sportlehrer der Klassenstufen 3 bis 7 und wendet sich in besonderem Maße an die vielen engagierten Übungsleiter im Minihandball-Bereich. Mit ihrem scheuklappenfreien Blick über den Tellerrand hinaus soll die Ballschule Handball dabei helfen, offener für Ungewohntes zu werden und neue, kreative Ideen für die Trainingspraxis zu entwickeln. Schließlich ist nicht nur der Ball, sondern auch „der Kopf rund", damit Pädagogen und Trainer flexibel in alle Richtungen denken können.

Prof. Dr Klaus Roth
Initiator der Ballschule Heidelberg

VORWORT

Liebe Leserinnen und Leser,
liebe Lehrerinnen und Lehrer,
liebe Trainerinnen und Trainer,

Kindern durch Spielen und Üben wieder Spaß an Bewegung zu vermitteln, ist eine der zentralen Herausforderungen im digitalen Zeitalter. Egal ob in der Schule, im Verein oder „auf der Straße“: Vielfältige Bewegungserfahrungen sind für die motorische, aber auch für die kognitive Entwicklung unserer Kinder essenziell. Gerade den Ballspielen liegt darüber hinaus ein hohes Potenzial zum Erwerb wichtiger sozial-emotionaler Fertigkeiten inne, steht doch das gemeinsame Spielen hier im Vordergrund.

Laufen, Springen und Werfen sind dabei elementare Bewegungsfertigkeiten, die auch im Handball gefordert sind und deren kindgerechte Vermittlung durch vielfältige, kreative Bewegungsspiele und -übungen einen freudbetonten Einstieg in die Ausbildung handballbegeisterter Kinder ermöglicht. Auch die Rahmentrainingskonzeption (RTK) des Deutschen Handballbundes (DHB), die den zentralen Orientierungsrahmen für einen strukturierten und langfristig angelegten Leistungsaufbau im Nachwuchshandball darstellt, unterstreicht in den ersten Ausbildungsstufen die Bedeutung einer vielseitigen und vor allem spielerisch orientierten Bewegungsschulung zur Entwicklung konditioneller und koordinativer Fähigkeiten.

Das Buch „Ballschule Handball“ knüpft an diesen Vermittlungsansatz kreativ, flexibel und undogmatisch an und bietet sowohl Vereinstrainerinnen und -trainern in der Basisschulung als auch Lehrerinnen und Lehrern im Schulsport neben einer Vielzahl an beispielhaften Spiel- und Übungsformen auch Denkanstöße zur eigenen Ausbildungspraxis. Damit stellt die „Ballschule Handball“ eine gelungene Brücke zwischen der allgemeinen, sportartübergreifenden Ausbildung und dem langfristigen Ausbildungskonzept des DHB im Sinne der RTK dar.

Als Vorstand Sport des DHB möchte ich den Autoren und Initiatoren der „Ballschule Handball“ meinen Dank für ihr großes Engagement im Bereich der Entwicklung und Förderung des Kinderhandballs aussprechen.

Sportliche Grüße
Axel Kromer
Vorstand Sport des DHB

1 BALLSCHULE HANDBALL

EINLEITUNG

„Höchstleistungen, Titel und ein ergebnisorientiertes Training und Spiel wie im Erwachsenenhandball dürfen keine Leitlinien und Zielperspektiven für die Nachwuchsarbeit in den Vereinen sein“ (Deutscher Handballbund, 2009, S. 31).

In Übereinstimmung mit der DHB-Rahmentrainingskonzeption (Deutscher Handballbund, 2017) und der Ballschul-Philosophie baut dieses Buch auf der Grundüberzeugung auf, dass die (handballspezifische) Spielfähigkeit im Kindertraining einzig durch eine vielseitige Bewegungsschulung optimal und nachhaltig gefördert werden kann.

Diese Überzeugung gründet auf zwei Hauptargumenten:

1. Die Spiel- und Bewegungswelt der Kinder hat sich in den letzten Jahrzehnten deutlich verändert. Das spontane Spielen auf der Straße wird ersetzt durch Vereinstraining, Nachmittagsunterricht an Schulen, Musikunterricht usw. Den Kindern wird sehr genau vorgegeben, was sie wann und wie zu tun haben. Damit gehen viele Erfahrungen und Kompetenzen verloren, die durch das freie, unangeleitete Spielen erworben werden können. Auf die Sportspiele bezogen handelt es sich dabei um Fähigkeiten wie: gerechte Mannschaften einteilen, Größe der Tore und die Regeln festlegen, sich auf einen geeigneten Ball einigen und dafür zu sorgen, dass das Spiel funktioniert und allen Spaß macht. Es gilt, im sozialen Miteinander Schwierigkeiten zu erkennen und zu meistern, die sich z. B. aus unebenem oder abschüssigem Untergrund, nicht aufgepumpten Bällen oder schlechten Sichtverhältnissen bei beginnender Dunkelheit ergeben. Die Kinder lernen, sich auf vielfältige Situationen einzustellen und ihr Spiel sowie ihre Techniken anzupassen.
2. Aus retrospektiven Studien weiß man, dass zahlreiche erfolgreiche Spielsportler nicht nur Straßenspielerfahrung mitbringen, sondern auch verschiedene Sportspiele ausprobiert haben, bevor sie sich in einer Sportart spezialisierten. Untersuchungen von Coté et al. (2009) haben gezeigt, dass es unterschiedliche Wege für Kinder in den Spitzensport gibt. Wird der Weg des Ausprobierens und Spielens und damit eine spätere Spezialisierung gewählt, so ist ein positiver Einfluss auf die psychosoziale Entwicklung der Kinder und Jugendlichen zu erwarten. Dieser Effekt bleibt bei einer zu frühen Spezialisierung häufig aus. Außerdem sind die Gefahr von Verletzungen und ein frühes Ausstiegsalter aus dem Sport wahrscheinlicher. Sportartspezifische Höchstleistungen können über beide Wege gleichermaßen erreicht werden.

Im Rahmen der Ballschule Handball werden diese Argumentationslinien aufgegriffen und berücksichtigt. Das Konzept schafft mit seinem Fokus auf der Vermittlung einer kreativen Spielfähigkeit mit gut ausgebildeten koordinativen und konditionellen Fähigkeiten eine ideale Basis für die nachfolgende erfolgreiche und altersgerechte Talententwicklung in der Spezialisierungsphase.
Das Konzept der Ballschule Handball richtet sich vordringlich an 9- bis 13-jährige Kinder bzw. an Nachwuchshandballer im Übergang von der D- zur C-Jugend. Eine vielseitige

motorische Grundausbildung sowie das Heranführen an die spezifischen Anforderungen im Handballspiel stehen im Fokus des Konzepts. Diese inhaltliche Ausrichtung findet sich ebenfalls in der Basisschulung des Deutschen Handballbunds wieder und bereitet somit die Kinder optimal auf das handballspezifische Grundlagentraining vor. Je nach Leistungsniveau eignet sich das Konzept für fortgeschrittene Minis, E-Jugendliche und Handballanfänger in der D-Jugend. Für die Schule ist zu beachten, dass das Komplexitätsniveau der Spiel- und Übungsformen variiert werden muss, so dass die Inhalte sowohl bei älteren Grundschulkindern als auch in der Unterstufe der Sekundarstufe I umsetzbar sind. Die Idee des Sportspiels Handball wird spielerisch vermittelt, ohne die Kinder direkt mit dem komplexen Handballspiel nach Wettkampfregeln konfrontieren zu müssen.

Leitidee der Ausbildung ist die für alle Ballschulkonzepte charakteristische Schulung übergreifender Basiskompetenzen mit Orientierung am Anforderungsprofil der Sportart Handball. Die individuelle Schulung und das Kleingruppenspiel stehen klar im Mittelpunkt. Mannschaftstaktische, planmäßige Verhaltensweisen sind im Kinderhandball (noch) nicht relevant. Vielmehr geht es darum, eine handballspezifische Spielfähigkeit in sämtlichen Spielräumen zu entwickeln. Dazu gehören das ganze Spielfeld, Sektoren in Tornähe, eine Spielfeldhälfte oder Halbseite sowie kleinere Querfelder. In der Ballschule Handball ist das freie Spielen ohne Zwänge die maßgebliche Leitlinie!

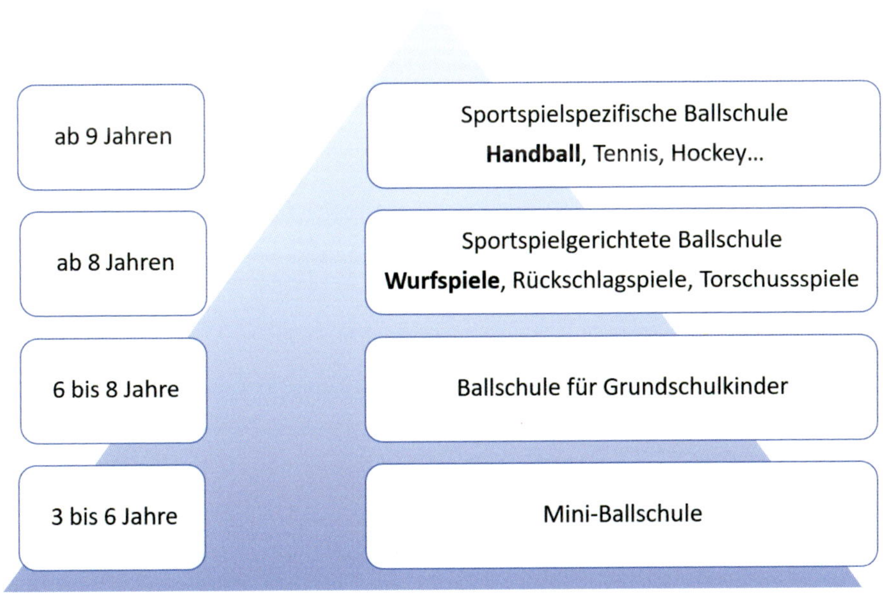

Abb. 1: Einordnung der Ballschule Handball in die Abfolge der Ballschulstufen

Bereits im Kindergartenalter werden erste Grundlagen hinsichtlich motorischer, technisch-taktischer sowie koordinativer Basiskompetenzen gelegt. Über das „ABC des Spielens" in der Grundschule mit einer Ausdifferenzierung der taktischen und technischen Spielbausteine bis hin zur sportspielgerichteten Ausbildung in den Wurf-, Torschuss- oder Rückschlagspielen verfolgt die Ballschule Heidelberg durchgehend die Prinzipien der Entwicklungsgemäßheit, der Vielseitigkeit, der Freudbetontheit und des spielerisch-unangeleiteten Lernens. Ausführlichere Informationen zum Konzept der Ballschule Heidelberg sind unter www.ballschule.de zu finden.

Die Ballschule Handball versteht sich als Bindeglied zwischen der Ballschulphilosophie und der Philosophie der Anfängerschulung im Handball. Dies bedeutet, dass die oben genannten Prinzipien weiterverfolgt, jedoch an das sportartspezifische Lernen angepasst werden. Im Einklang mit der Grundidee der Ballschule Heidelberg – „vom Allgemeinem zum Spezifischen" – treten nun mit zunehmender Spezialisierung in der Sportart Handball die Anteile expliziter Lernprozesse mehr und mehr in den Vordergrund.

Die folgenden Kapitel beinhalten die Ziele (Kapitel 2), Inhalte (Kapitel 3) und Methoden (Kapitel 4) der Ballschule Handball. Mit dem Verständnis für die Grundidee des Konzepts können Trainer, Übungsleiter und Lehrer die Praxisinhalte zielgerichtet durchführen und variieren sowie eigene Spiele und Übungen sinnvoll ergänzen. Der umfangreiche Praxisteil beinhaltet Spiel- und Übungsformen zur Schulung der koordinativ-konditionellen (Kapitel 6), der technischen (Kapitel 7) und der taktischen Basiskompetenzen (Kapitel 8). Kapitel 9 beschreibt, wie das Konzept über das Training hinaus Anwendung finden kann. Da sich die Trainingsinhalte an den Anforderungen im Kinderhandball orientieren, ist die logische Konsequenz, die Inhalte der Vorbereitung unmittelbar vor dem Spiel ebenfalls an die spezifischen Aufgaben der Kinder während des Spiels anzupassen. Exemplarisch wird ein Programm für eine E-Jugend Mannschaft mit dem Ziel vorgestellt, nicht unbedingt die Inhalte, aber möglicherweise die Idee für die eigene Mannschaft zu übernehmen. Die Verletzungsprophylaxe (Kapitel 10) findet bisher in der Literatur zum Kinderhandball wenig Beachtung. Die Anzahl und Schwere der Verletzungen steigen allerdings mit 12 Jahren deutlich an. Deshalb werden in diesem Kapitel Übungen vorgestellt und wichtige Parameter erklärt, die entscheidend sind, um späteren Verletzungen vorzubeugen.

2 BALLSCHULE HANDBALL

ZIELE

Durch das Spielen und Üben nach dem Konzept der Ballschule Handball lernen die Kinder die Grundstruktur des Handballspiels kennen. Sie lernen, die koordinativ-konditionellen Anforderungen sowie die taktischen und technischen Anforderungen innerhalb der einzelnen Spielphasen zu bewältigen und entwickeln somit eine erste handballspezifische Spielfähigkeit.

AUSWAHL DER ZIELE

Die Auswahl der Ziele orientiert sich an den Spielphasen, die für ein Kinderhandballspiel charakteristisch sind. Da sich das Spiel nicht nur durch eine Temporeduzierung und Technikvereinfachung vom Erwachsenenhandball unterscheidet, wurden die vom DHB definierten Spielphasen des Jugend- und Leistungshandballs kindgerecht modifiziert. Die für den modernen Tempohandball typischen Phasen der 1., 2. und 3. Welle reduzieren sich im Kinderhandball auf die Phase des Balltransports. Diese Phase ermöglicht es einer Mannschaft, in torgefährliche Räume zu gelangen. Eine klassische Aufbauphase gibt es bei Kindern nicht, da bei offensiven Abwehrsystemen der Balltransport in Tornähe nahtlos in ein Herausspielen von Überzahlsituationen übergeht. Dies passiert zunächst auf individualtaktischer Ebene, aus der sich situativ (aber nicht planmäßig) gruppentaktische Spielweisen entwickeln können. Die Abschlussphase, mit der das finale Ausnutzen eines Vorteils in der Kleingruppe gemeint ist, besteht im Kinderhandball meist aus einem relativ freien Torwurf, da die Tiefenräume größer sind als bei kompakten Abwehrsystemen.

Das Herausarbeiten der Abwehrphasen folgt demselben Schema, wobei es nach einem Ballverlust für alle Altersklassen gleichbedeutend auf ein schnelles Umschalten ins Abwehrverhalten ankommt. Während es ab dem Jugendalter darum geht, zuerst einfache Gegenstoßtore zu verhindern, um dann schnell ins eigene Abwehrsystem zu finden, liegt der Fokus bei Kindern auf der schnellen Zuordnung zum eigenen Gegenspieler und der Orientierung zum Ball. Gelingt es nicht, den Ball zu erobern, wird versucht, durch individualtaktisch richtiges Abwehrverhalten den Torwurf zu verhindern. Systematische Absprachen zur Abwehrkooperation können noch nicht vorausgesetzt werden, ergeben sich jedoch teilweise situativ und werden bei Fortgeschrittenen spielerisch angebahnt.

Im Modell für den Kinderhandball wird die Abwehr des Torwurfs durch den Torhüter als eigenständige Spielphase aufgenommen. Zum einen wird der Stellenwert des Torhüterspiels hervorgehoben, zum anderen werden alle Kinder der Trainingsgruppe im Sinne der Positionsvariabilität in die Spiel- und Übungsformen einbezogen, so dass das Torhütertraining nicht isoliert vom restlichen Training stattfindet.

SPIELPHASEN IM HANDBALL

Die Abbildung 2 zeigt die Ableitung eines kindgerechten Spielphasenmodells aus der klassischen Struktur des Leistungshandballs. Die orangefarbenen Felder markieren den Ballbesitzwechsel zwischen den Mannschaften, so dass nach einem Ballgewinn die offensiven (gelbe Felder) und nach einem Ballverlust die defensiven (blaue Felder) Spielphasen folgen. Der Ablauf der einzelnen Spielphasen erfolgt im Uhrzeigersinn

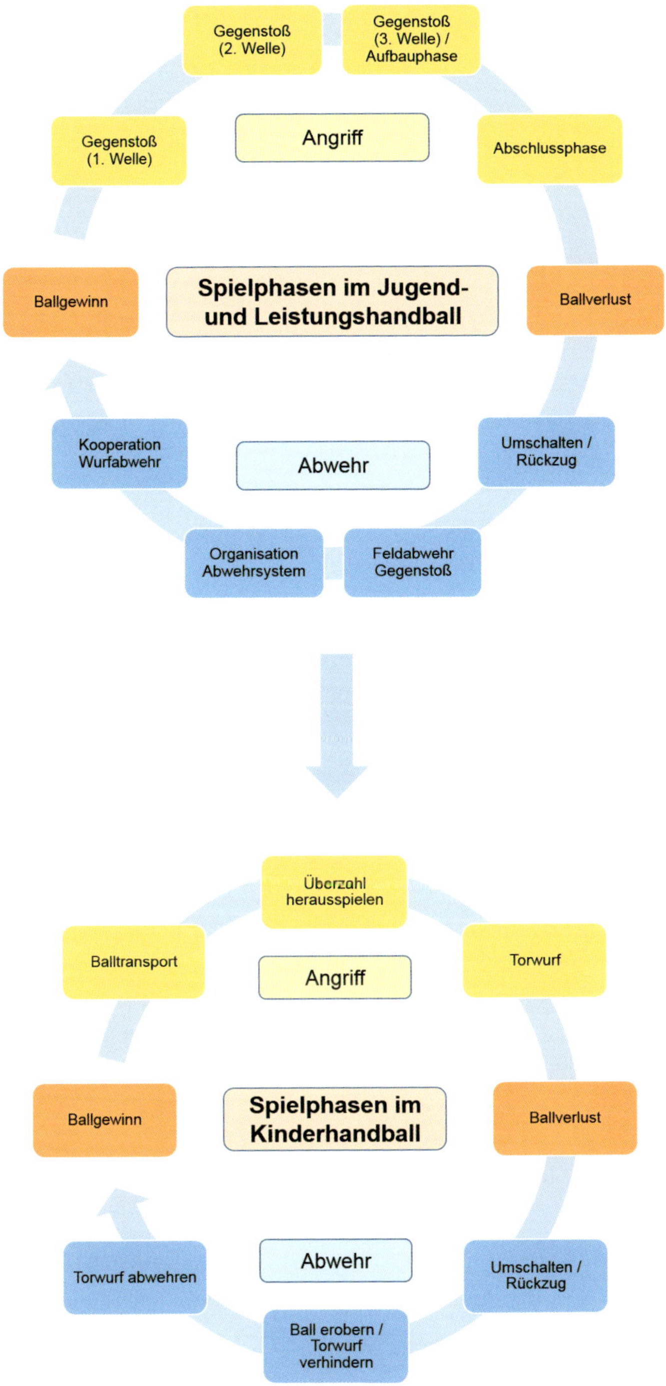

Abb. 2: Transformation des Spielphasenmodells für den Leistungshandball (oben) in ein entwicklungsgemäßes Konzept für den Kinderhandball (unten)

und bildet die Spielstruktur eines Handballspiels, wobei nicht zwangsläufig jede Phase durchlaufen werden muss.

ANFORDERUNGEN IN DEN SPIELPHASEN: DAS ABC DER BALLSCHULE HANDBALL

Um in den Spielphasen erfolgreich agieren zu können, müssen sowohl koordinativ-konditionelle als auch technische und taktische Anforderungen bewältigt werden. Diese werden im Folgenden als Bausteine bezeichnet und sind jeweils den koordinativ-konditionellen Basiskompetenzen (A), den technischen Basiskompetenzen (B) und den taktischen Basiskompetenzen (C) zugeordnet. Daraus ergibt sich das ABC für Handballanfänger. Für die Bereiche B und C erfolgt die Darstellung der Bausteine mit Bezug zu den entsprechenden Spielphasen.

Koordinativ-konditionelle Basiskompetenzen

Aufbauend auf die Koordinationsschulung in der sportspielübergreifenden und -gerichteten Ausbildung ist das Ziel der Ballschule Handball darauf gerichtet, koordinativ-konditionelle Kompetenzen zu vermitteln, deren Auswahl sich stark an den Anforderungen der Basisfertigkeiten des Handballspiels – Laufen, Springen und Werfen – orientiert. Je nach Leistungsniveau werden diese Fertigkeitsanforderungen zunehmend ausdifferenziert und nähern sich allmählich den handballspezifischen Techniken und Technikvariationen an. Das heißt, aus dem einfachen Werfen werden z. B. ein Schlagwurf oder Sprungwurf bzw. ein

A: Koordinativ-konditionelle Basiskompetenzen
Laufkoordination
Antrittsschnelligkeit
Ausdauer
Sprungvariabilität
Sprungkraft
Wurfpräzision
Wurfkraft

B: Technische Basiskompetenzen	C: Taktische Basiskompetenzen
Balltransport	
Prellen, Passen, Fangen in der Bewegung	Raum kooperativ überbrücken
Überzahl herausspielen	
Lauf- und Körpertäuschung	Räume erkennen und nutzen
Torwurf	
Schlag- und Sprungwurf	Wurfauswahl
Wurf unter Gegnerbehinderung	Torwartbewegungen erkennen
Umschalten / Rückzug	
Abwehrtäuschung	Orientierung zum Ball und Gegenspieler
Ball erobern / Torwurf verhindern	
Bälle rausprellen und abfangen	Passwege erkennen
Abwehrgrundposition einnehmen	Räume eng machen
Torwurf abwehren	
Torwartgrundbewegung	Stellungsspiel

Abb. 3: Das ABC der Ballschule Handball

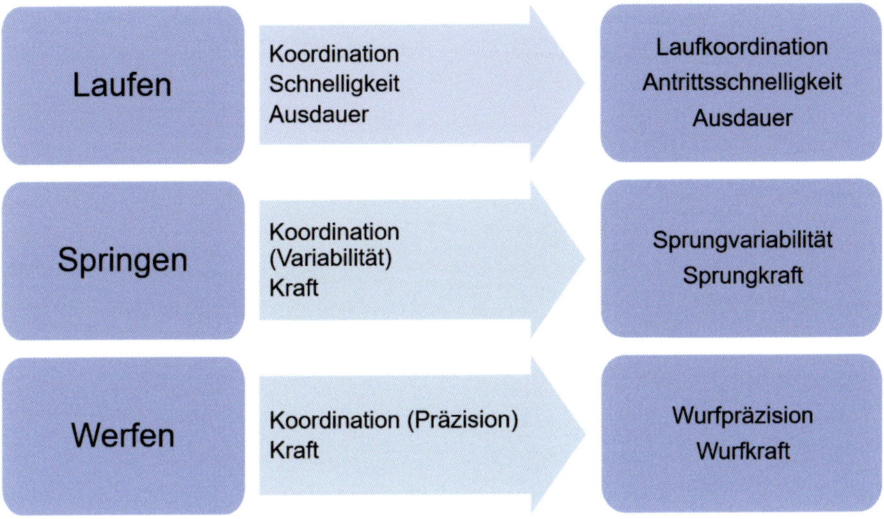

Abb. 4: Struktur der koordinativ-konditionellen Basiskompetenzen

Schlagwurf aus dem Lauf oder ein Sprungwurf mit beidbeinigem Absprung.

Die Auswahl der Bausteine bedeutet nicht, dass andere grundlegende Kompetenzen nicht mehr geschult werden sollen. Im Gegenteil: Übungen oder Spielformen, die die allgemeine Beweglichkeit sowie die Ganzkörper- bzw. Rumpfstabilität fördern, sind ausdrücklich erwünscht und tragen zu einem vielfältigen und abwechslungsreichen Training bei.

Technische Basiskompetenzen

Die technischen Bausteine ergeben sich aus den Anforderungen in den Spielphasen. In den drei offensiven Phasen geht es vor allem darum, den Ball in die torgefährlichen Räume zu transportieren, einen Spieler in eine gute Abschlussposition zu bringen und den Ball auf bzw. in das Tor zu werfen. Für diese Phasen müssen Bälle in der Bewegung gepasst, gefangen und geprellt werden sowie durch Täuschungen Räume erschlossen werden, aus denen mithilfe von Schlag- oder Sprungwürfen ggfs. mit Körperkontakt geworfen werden kann. In den defensiven Spielphasen lernen die Kinder, regelkonform den Ball zu erobern z. B. durch Herausprellen von Bällen oder Abfangen von Pässen, ohne dabei den Gegner zu foulen. Die Aufnahme von Körperkontakt dient ausschließlich dazu, den Gegner aus torgefährlichen Räumen abzudrängen, wobei jede Art von klammern, „zumachen" oder festhalten sofort unterbunden werden sollte. Allein aufgrund der vorgeschriebenen offensiven Spielweise hat der technisch saubere Ballgewinn immer höchste Priorität. Befindet sich das Spielgeschehen außerhalb einer Entfernung von 9–10 m vom eigenen Tor, werden bei Ballbesitz des direkten Gegenspielers entweder Passwege zugestellt (wenn der Gegenspieler nicht mehr prellen kann) oder mit etwas mehr Abstand zum Gegner das Lauftempo aufgenommen, um dann den Ball herausprellen zu können (wenn der Gegner noch prellen kann). In beiden Fällen ist auf die technisch (und taktisch) richtige Abwehrgrundposition zwischen Tor und Gegenspieler zu achten, die ein ballorientiertes Handeln ermöglicht. Außerdem ist die Aufnahme des Körperkontakts in Tornähe nur aus der genannten Grundposition möglich, da ausschließlich die Kontaktaufnahme von vorne mit angewinkelten Armen regelgerecht ist und ein Abdrängen des Gegners erlaubt.

In diesem Buch werden keine Technikleitbilder dargestellt. Geeignetes Material in Form von Bilderreihen, Knotenpunkten, Videos und Fehlerbildern ist in der gängigen Literatur zu finden.

Taktische Basiskompetenzen

Die Anforderungen in den Spielphasen beinhalten neben den handballspezifischen Techniken auch taktisches Entscheidungsverhalten. In jeder Spielphase geht es darum, Spielsituationen zu erkennen, sie zu verstehen und intelligente und/oder kreative Entscheidungen zu treffen, die der eigenen Mannschaft einen Vorteil einbringen. Spielintelligenz (konvergentes Denken) zeichnet sich dadurch aus, dass situationsgerecht richtige Entscheidungen getroffen werden. Die Chance auf das Herausspielen von Vorteilen erhöht sich, wenn sich die Entscheidung zusätzlich durch ein hohes Maß an Spielkreativität (divergentes Denken) auszeichnet. Motorische Handlungen gelten als kreativ, wenn ein Spieler situationsangemessen, flexibel und für den Gegner überraschend agiert. An dieser Stelle wird der enge Zusammenhang zu den technischen Basiskompetenzen sichtbar. Allein durch die taktisch richtige Entscheidung entsteht noch kein zählbarer Torerfolg. Erst in Kombination mit der motorischen Ausführung kann sich ein räumlich-zeitlicher Vorteil für einen Spieler oder eine Mannschaft entwickeln, der zu einem aussichtsreichen Torwurf führt. Da die zeitliche Komponente für den Erfolg einer Aktion besonders entscheidend ist, wird an dieser Stelle die enge Verknüpfung mit der Handlungsschnelligkeit deutlich (siehe Abb. 5).

In der Ballschule Handball werden taktische Basiskompetenzen vermittelt, bei denen das individualtaktische Verhalten im Fokus steht. Daraus ergeben sich in der Folge auch gruppentaktische Verhaltensweisen. Dieses Prinzip lässt sich exemplarisch anhand der Spielphase „Überzahl herausspielen" veranschaulichen. Wenn ein Spieler einen freien Raum erkennt und diesen nutzt, indem er mit Ball den freien Raum anläuft, wird er bei guter technischer Ausführung einen weiteren Gegenspieler binden können. In dieser neuen Spielsituation haben jetzt die Mitspieler die Gelegenheit, neue Räume zu erkennen und diese zu nutzen, indem sie sich so positionieren, dass über einen freien Passweg der Ball direkt in ihre Vorwärtsbewegung gespielt werden kann. Die Kombination aus Aktionen mit Ball, in denen freie Räume angelaufen werden oder Durchbruchsräume geschaffen werden, mit Aktionen ohne Ball, in denen Mitspieler in der Bewegung zum Tor anspielbar sind, münden in einem Zusammenspiel, das als Grundlage für gruppentaktische Verhaltensweisen wie Parallelstoß und Kreuzbewegungen wichtig ist. Nur mit einem hinreichenden Niveau in den taktischen Basiskompetenzen können im späteren Alter gruppentaktische Maßnahmen effektiv gespielt werden. Mannschaftstaktische Verhaltensweisen spielen im Kinderhandball

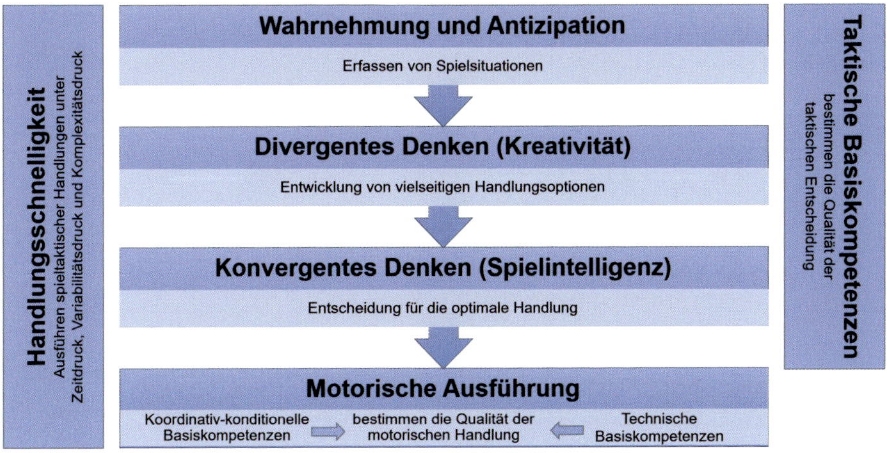

Abb. 5: Ablauf spieltaktischer Handlungen unter dem Aspekt der Handlungsschnelligkeit

hingegen keine Rolle und sind auch später eher als vorbereitende Maßnahme zu sehen, um Räume zu organisieren und Spieler zu positionieren.

Handlungsschnelligkeit

Die Handlungsschnelligkeit spielt im Konzept der Ballschule Handball eine bedeutende Rolle, da sie ein zentraler, leistungsbestimmender Faktor ist. Die Voraussetzungen für ein handlungsschnelles Spiel werden in den Säulen A und B (koordinativ-konditionelle und technische Basiskompetenzen) entwickelt. Eine technisch gute Körpertäuschung mit einem dynamischen Sprungwurf und anschließendem präzisen und harten Torwurf sind sehr gute Voraussetzungen für das Erzielen von Toren. Aber die Entscheidung darüber, in welcher Situation (Mit- und Gegenspielerkonstellation), zu welchem Zeitpunkt und mit welchem Timing eine Spielaktion durchgeführt werden sollte, wurde damit noch nicht ausgebildet. Die kognitiven Komponenten der Handlungsschnelligkeit wie die Entscheidungsschnelligkeit, die Antizipationsfähigkeit, die Wahrnehmungsschnelligkeit und die Reaktionsschnelligkeit können hervorragend in Spielen mit hohem Variabilitätsdruck und Anforderungen an die kognitive Flexibilität geschult werden.

Die Abbildung 5 zeigt den idealtypischen Verlauf einer spieltaktischen Handlung. Je handlungsschneller die Spieler dabei agieren, desto effektiver ist die Spielhandlung und desto höher ist der Handlungsdruck für den Gegner. Die Grafik stellt ebenfalls dar, wie sich die taktischen, technischen und koordinativ-konditionellen Basiskompetenzen in den Ablauf einordnen lassen.

3

BALLSCHULE HANDBALL

INHALTE

Zur Schulung der koordinativ-konditionellen Grundlagen sowie der technischen und taktischen Basiskompetenzen werden altersgerechte Spiel- und Übungsformen beschrieben.

SPIEL- UND ÜBUNGSREIHEN

Die Vermittlung der taktischen und technischen Basiskompetenzen erfolgt in der Ballschule Handball – wie in den anderen Ballschulkonzepten – überwiegend durch Bausteinspiele und -übungen. In diesem Band werden sie methodisch durch Spiel- und Übungsreihen ergänzt.
Spielreihen kommen vor allem dann zum Einsatz, wenn es um die Verbesserung taktischer Kompetenzen geht. Sie beginnen mit einem Grundspiel (Rohform eines Spiels, das Handlung und Regelwerk des Großen Spiels beinhaltet) entwickeln sich über kleine Spiele (beinhalten Handlungsschwerpunkte der Großen Spiele) oder Minispiele (Varianten der Großen Spiele) hin zum Zielspiel. Lässt man die Kinder z. B. Aufsetzerball, dann Aufsetzer-Handball und dann Handball spielen, so spricht man von einer methodischen Spielreihe.

INHALTLICHE GEWICHTUNG

Bei der Gewichtung der drei Säulen orientiert sich die Ballschule Handball an den Angaben des DHB (Schubert & Späte, 2009). Die Begrifflichkeiten wurden dem Ballschulkonzept angepasst. Außerdem gehört neben der Schulung der Basiskompetenzen auch das tatsächliche Handballspielen zu jedem Training dazu. Es ergeben sich folgende Einteilungen:

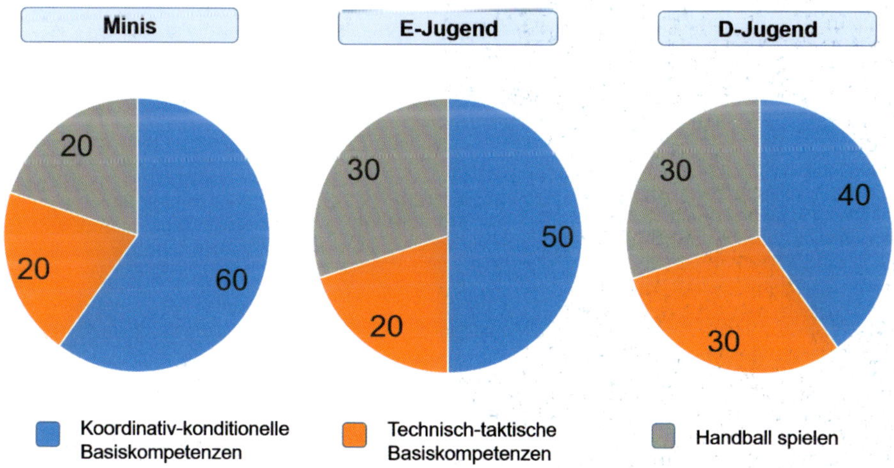

Abb. 6: Inhaltliche Gewichtung (nach Schubert & Späte, 2009, S. 14)

4 BALLSCHULE HANDBALL

METHODEN

Während in den vorangehenden Stufen der Ballschule unangeleitete, erfahrungsgeleitete Lernprozesse im Vordergrund stehen, ändert sich dies mit zunehmender Spezialisierung. In der Ballschule Handball werden, insbesondere zur Vermittlung handballspezifischer technischer Basiskompetenzen, konkrete Instruktionen und Korrekturen immer wichtiger. Auch das vielseitige Spielen mit Hand, Fuß und Schläger verschiebt sich zugunsten von Spielen und Übungen mit der Hand.

Für das Training der koordinativen und konditionellen Basiskompetenzen ist elementar wichtig, dass die Anforderungen an die Ausführung der Fertigkeit gering gehalten werden. Das heißt, der Trainer kann nur koordinative oder konditionelle Zusatzanforderungen an bspw. den Sprungwurf stellen, wenn dieser in der Grobform von den Kindern sicher beherrscht wird.

Für das Training der technischen Basiskompetenzen gilt, dass vor allem beim Neulernen keine zusätzlichen koordinativen oder konditionellen Aufgaben gestellt werden dürfen. Erst wenn die Qualität der technischen Ausführung zufriedenstellend ist, können Wettkampfformen unter Zeitdruck und/oder physischer Belastung durchgeführt werden.

Die taktischen Basiskompetenzen werden überwiegend durch Spielformen und Spielreihen trainiert, in denen sich den Kindern Freiraum für kreative Lösungen bietet. Dennoch sollten unterstützend Methoden wie das „Einfrieren von Spielsituationen" und das Reflektieren von Lösungsmöglichkeiten maßvoll eingesetzt werden. Die wichtigste Aufgabe des Übungsleiters besteht darin, Spiele so zu steuern, dass die technisch-taktischen Ziele erreicht werden, ohne den Kindern konkrete Lösungswege vorzugeben. Dies geschieht in erster Linie über die Raumorganisation, die Regelvorgaben, die Materialauswahl (Bälle, Ziele usw.) und die Anzahl der Spieler (Gleichzahl, Über-/Unterzahl, neutrale Spieler). Systematische Abfolgen von Schwierigkeitsreihungen von Spielen und Übungen gewinnen mit der zunehmenden Spezialisierung an Bedeutung. Soll in einem Spiel oder in einer Übung die Handlungsschnelligkeit trainiert werden, muss sicherlich darauf geachtet werden, dass die Kinder durch die zusätzlichen kognitiven Anforderungen nicht überfordert werden. Das heißt, dass die technischen und koordinativ-konditionellen Anforderungen nicht zu hoch sein dürfen, da ansonsten keine Kapazitäten für Entscheidungsverhalten und Antizipation zur Verfügung stehen. Entscheidend ist dabei der methodische Aufbau. Zusatzanforderungen sollten immer nur schrittweise eingeführt werden, so dass die Kinder jederzeit den Spielverlauf überblicken.

ORGANISATIONSFORMEN

Bei der Planung einer Trainingseinheit sind die genannten Orientierungswerte für die zeitliche Verteilung der Inhalte zu beachten (Abb. 6). Allerdings gibt es für die Umsetzung der Inhalte weitere Kriterien zu bedenken. Für jedes Training gilt, dass keine langen Wartezeiten entstehen sollten. Einzige Ausnahme wären trainingsmethodisch sinnvolle Pausen, z. B. beim Schnelligkeitstraining. Es kann natürlich vorkommen, dass gerade bei Übungsformen zu den technischen Basiskompetenzen Anstehzeiten entstehen, da der Trainer jedem Kind Rückmeldung zur Ausführung geben möchte. In diesem Fall empfiehlt es sich, auf Organisationsformen wie den Parallelbetrieb oder den Rundlauf zurückzugreifen. Das heißt, dass parallel zur Übung ein den Kindern bekanntes Spiel durchgeführt wird. Nach einer gewissen Zeit wechseln die Kinder vom Spiel zur Übung und umgekehrt. Das bietet gleichzeitig die Möglichkeit der Differenzierung innerhalb der Trainingsgruppe. Die zweite Variante wäre, nach Durchführung der Technikübung mehrere Stationen mit Aufgaben aus dem koordinativ-konditionellen Bereich hintereinander aufzubauen, so dass jedes Kind, bevor es sich wieder anstellt, diesen Rundlauf absolvieren muss.

Wartezeiten können außerdem vermieden werden, indem bei der Planung der Trainingseinheit darauf geachtet wird, dass keine langen Auf- und Umbauphasen entstehen. Größere Materialaufbauten sollten am Anfang einer Trainingseinheit oder während einer Trinkpause durchgeführt werden. Kann der Aufbau in einer Hallenhälfte erfolgen, so besteht die Möglichkeit, das Aufwärmen in der anderen Hälfte zu planen, so dass der Übergang zügig abläuft. Spätestens beim Abbau sollten alle Kinder helfen.

KINDGERECHTE WETTSPIELFORMEN

Die strukturellen Unterschiede zwischen einem Kinderhandball- und einem Erwachsenenhandballspiel führen nicht nur zu eigenen Trainingsinhalten und -methoden, sondern auch die Wettspielformen müssen dieser Logik folgen. Der DHB gibt verbindliche Spielweisen für die F- bis D-Jugend vor, lässt den Landesverbänden jedoch Gestaltungsspielraum. Somit gibt es eine Vielzahl unterschiedlicher Organisationsformen für den Wettspielbetrieb.

Im Sinne der Ballschule Handball müssen Spielformen einige wichtige Kriterien erfüllen, damit alle Kinder eine faire Chance haben, schrittweise an den Wettkampfhandball herangeführt zu werden. Kinder dürfen im Spiel nicht überfordert sein. Zu vermeiden sind dementsprechend zu viele und/oder zu hohe Anforderungen, denen die Kinder nicht gerecht werden können. Dies kann daran liegen, dass das Spielfeld zu groß ist und sich die Kinder im großen Raum nicht orientieren können. Auch eine zu hohe Spielerzahl kann die Ursache für Überforderung sein. Je mehr Mitspieler man hat, desto mehr Handlungsoptionen bieten sich. Je mehr Gegenspieler, desto mehr potentielle Passabfänger gibt es. Neben den taktischen sind technische Überforderungen zu vermeiden. Kann das Kind den Ball nicht richtig greifen, gibt es Schwierigkeiten beim Passen und Werfen. Ist der Wurfkreis zu weit vom Tor entfernt, kann nicht hart und platziert geworfen werden.

Ein Kinderhandballspiel für Einsteiger und Minis sollte möglichst alle Überforderungsaspekte minimieren. Konkret heißt das:

- Handballspiel auf kleinen Feldern (Querfelder, ca. 12 x 20 m)
- Reduzierte Spielerzahl (3:3 oder 4:4)
- Optional bei weiterer Überforderung der Angriffsspieler: Überzahlspiel (4:3, 3:2) indem der Torhüter im Angriff mitspielt
- Bälle, die von den Kindern mit einer Hand gehalten werden können

Mit zunehmendem Alter und Leistungsniveau nähert sich das Spiel sukzessive dem 6 gegen 6 (plus Torhüter). Entscheidender

Unterschied zum Erwachsenenhandball ist auch in der D-Jugend noch, dass sehr offensive Abwehrformationen gespielt werden. Somit wird das individuelle Angriffs- und Abwehrspiel gefordert und gefördert. Außerdem bleiben immer noch relativ große Räume für den Angriff, die erst im Laufe des Grundlagen- und Aufbautrainings (C- bis A-Jugend) aufgrund der verbesserten technischen und taktischen Möglichkeiten der Spieler reduziert werden, indem die Abwehr defensiver spielt.

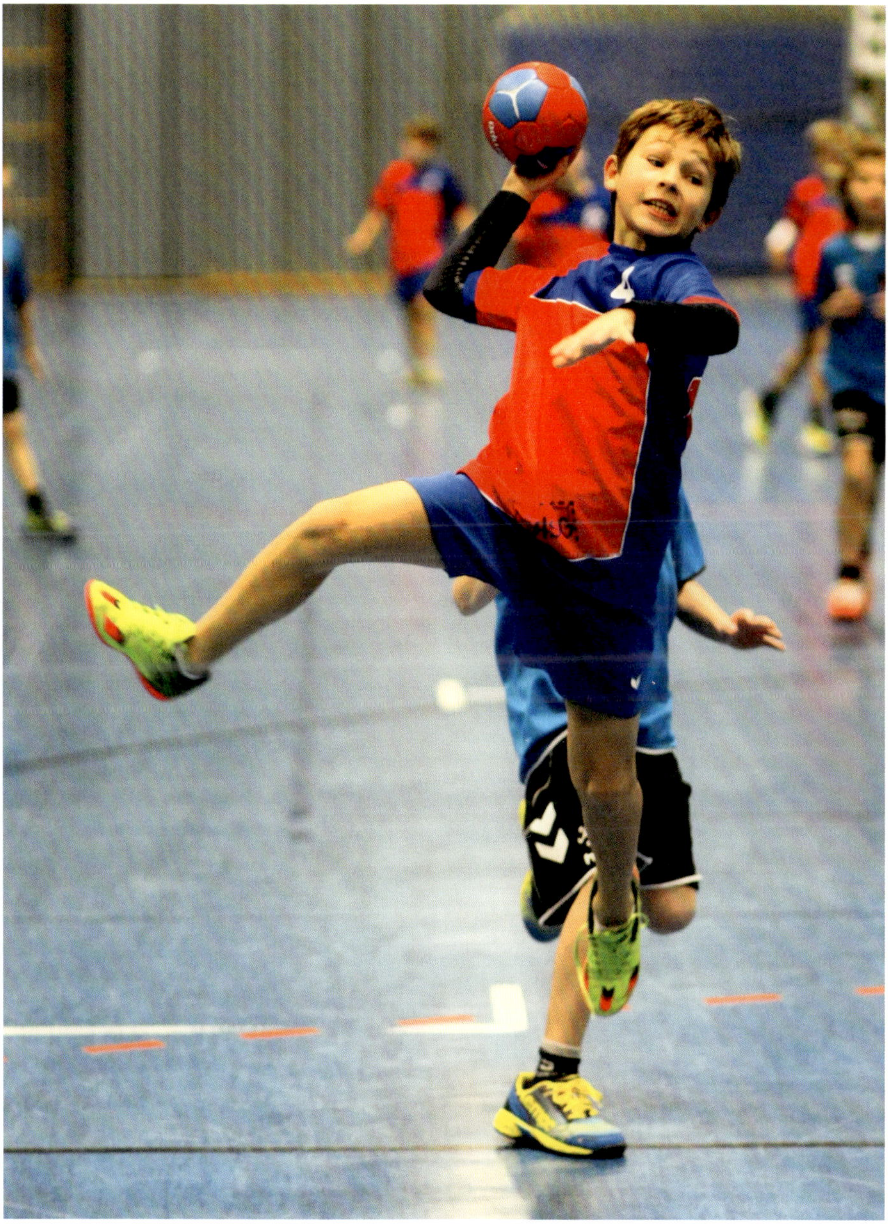

5

BALLSCHULE HANDBALL

MATERIALIEN UND DARSTELLUNG

SPIELMATERIALIEN UND SPORTGERÄTE

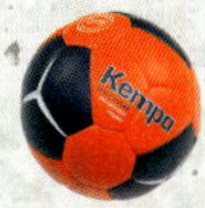
Handball

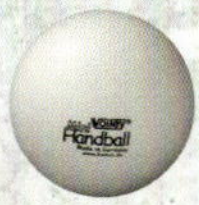
Softhandball

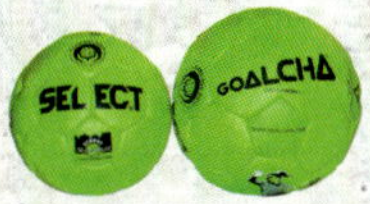
Streethandball

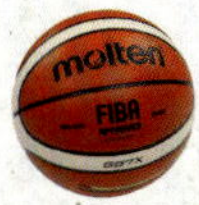
Basketball

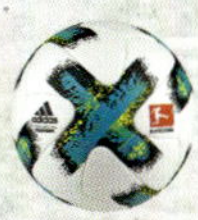
Fußball

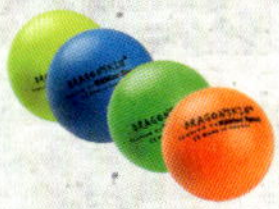
Softbälle

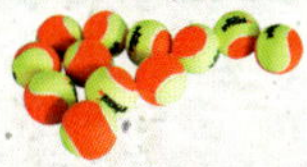
Tennisbälle

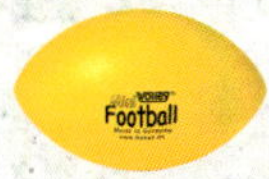
Soft-Football

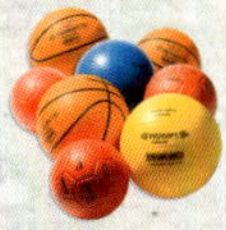
verschiedene Bälle

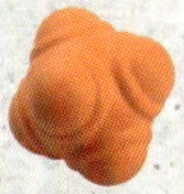
Reaktionsball

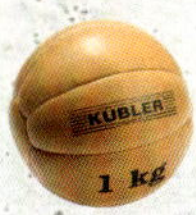
kleiner Medizinball

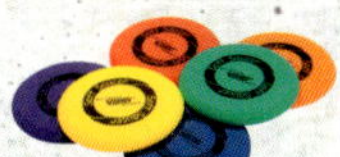
Soft-Frisbee

Hütchen

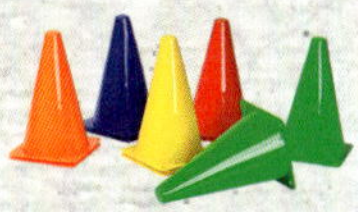
bunte Hütchen

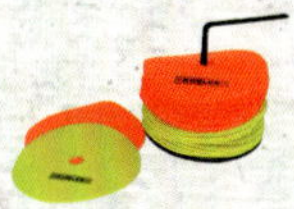
Markierungsscheiben

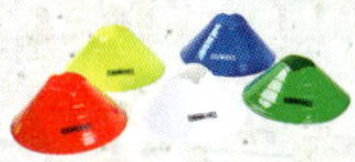
Markierungshauben

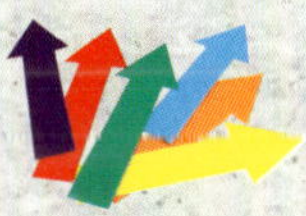
Markierungslinien

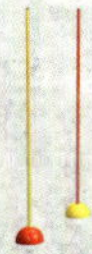
Stangen

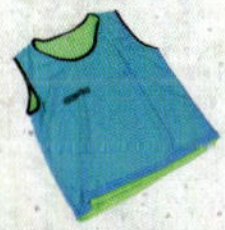
Leibchen

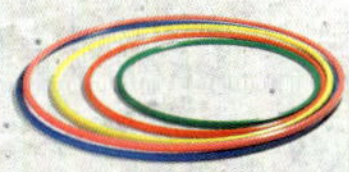
Reifen

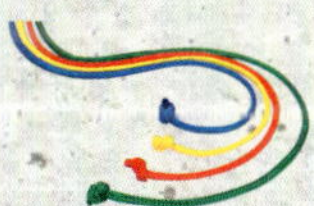
Seile

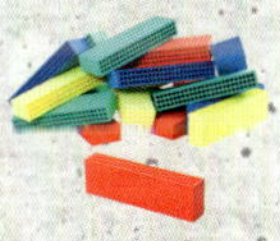
Schaumstoffbalken

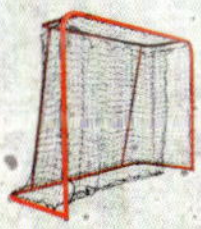
kleines Tor

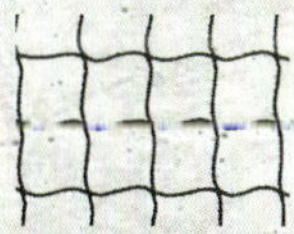
Badmintonnetz

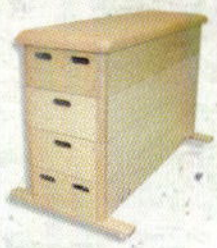
großer Kasten

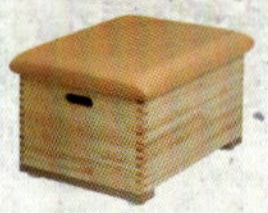
kleiner Kasten

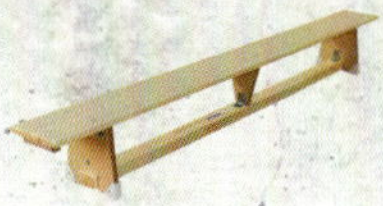
Bank

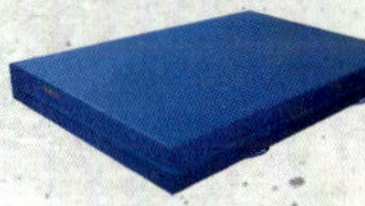
Weichbodenmatte

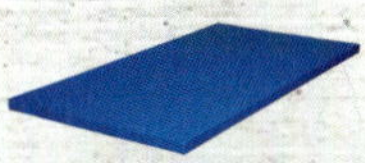
Turnmatte

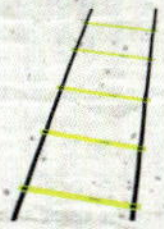
Koordinationsleiter

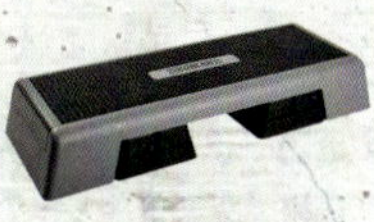
Stepper

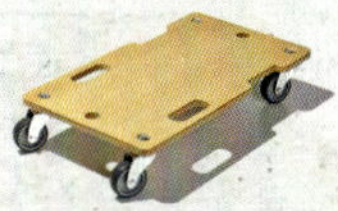
Rollbrett

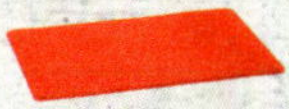
Teppichfliese

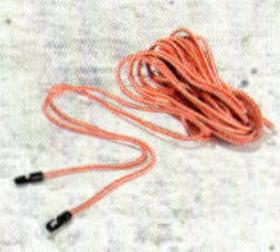
Zauberschnur

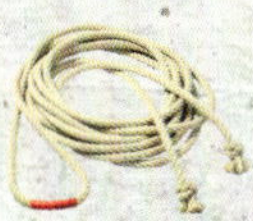
langes Seil

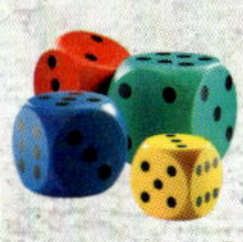
Würfel

DARSTELLUNG DER SPIELE UND ÜBUNGEN

Die Beschreibungen der Spiele und Übungen in den Kapiteln 6, 7 und 8 folgen einem einheitlichen Schema. Die Kopfzeile beinhaltet die nachfolgend dargestellten Komponenten.

Spielphase
Das Spiel oder die Übung schult Kompetenzen, die überwiegend in dieser Spielphase Anwendung finden. Da die koordinativ- konditionellen Basiskompetenzen nicht den Spielphasen im Kinderhandball zugeordnet wurden fällt die Angabe der Spielphasen in Kapitel 6 weg.

Material
Das benötigte Material wird bildlich dargestellt. Alternative Materialien werden im Text genannt.

TORWURF

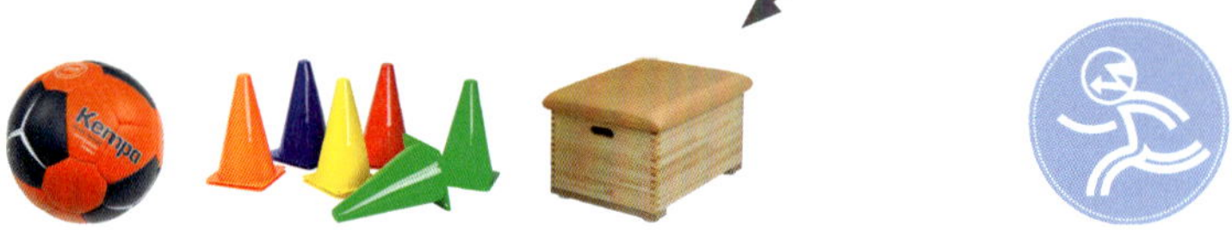

WURF UNTER GEGNERBEHINDERUNG	ANTRITTSSCHNELLIGKEIT	ORIENTIERUNG ZUM BALL UND GEGENSPIELER

Basiskompetenzen
Das Spiel oder die Übung ist so konzipiert, dass die genannten Basiskompetenzen vorrangig geschult werden. Je dunkler die hinterlegte Farbe, desto intensiver wird die Kompetenz angesprochen.

Zusatzanforderung
Durchführung des Spiels oder der Übung unter dem Aspekt der Handlungsschnelligkeit oder der Ausführungsqualität (siehe Erläuterung im Kasten unten). Ist kein Symbol abgebildet, wird keine explizite Anforderung in einem der Bereiche gefordert.

Nach der Kopfzeile folgt eine grafische oder bildliche Darstellung der Spiele und Übungen. Anschließend wird die Spielidee bzw. der Übungsablauf beschrieben. Besondere Hinweise zur Durchführung oder Organisation werden explizit hervorgehoben. Erscheinen Spiele oder Übungen als zu einfach oder zu komplex, sollten die Variationsmöglichkeiten am Ende beachtet werden.

Handlungsschnelligkeit
Es werden im besonderen Maße Anforderungen an die kognitive Flexibilität gestellt. Der Variabilitätsdruck in dem Spiel oder der Übung ist hoch.

Ausführungsqualität
Insbesondere beim Neulernen technischer Basiskompetenzen sollten kindgerechte Korrekturen und Lernhilfen eingesetzt werden

6 BALLSCHULE HANDBALL

KOORDINATIV-KONDITIONELLE BASIS-KOMPETENZEN

Ziel der beschriebenen Spiel-, Übungs- und Wettkampfformen ist die Verbesserung der koordinativen und konditionellen Fähigkeiten der Kinder. Die Auswahl der Fähigkeiten orientiert sich am Anforderungsprofil der Sportart Handball, um der zunehmenden Spezifik des Trainings gerecht zu werden. Es wird an dieser Stelle ausdrücklich darauf hingewiesen, dass die Ausbildung der Rumpfkraft und der Beweglichkeit im Kinderhandball ebenfalls elementar wichtig ist und dass diese beiden Fähigkeiten teilweise in den folgenden Übungen mitgeschult bzw. vorausgesetzt werden. Auch für viele Übungen im Bereich der technischen Basiskompetenzen wird eine gute Rumpfkraft und Beweglichkeit vorausgesetzt. Dies gilt vor allem für die Torhüterübungen, aber auch für die Würfe.

Koordinative Basiskompetenzen

Die Übungen zu den Bausteinen Laufkoordination, Wurfpräzision und Sprungvariabilität schulen die koordinativen Fähigkeiten.

Laufkoordination
Kompetenz zur präzisen, ökonomischen und schnellen Ausführung handballtypischer Laufformen (mit und ohne Richtungs- und Tempowechsel oder Gegnerbehinderung)
Wurfpräzision
Kompetenz zur genauen Wurfausführung (Ablauf und Ergebnis)
Sprungvariabilität
Kompetenz zur flexiblen und situationsgerechten Ausführung von Sprungbewegungen

Koordinativ-konditionelle Basiskompetenzen

Die Antrittsschnelligkeit besteht sowohl aus koordinativen als auch konditionellen Anforderungen. Sehr lohnenswert ist es, die Antrittsschnelligkeit in Zusammenhang mit der Handlungsschnelligkeit zu trainieren.

Antrittsschnelligkeit
Kompetenz zur dynamischen/explosiven Beschleunigung von Laufbewegungen (mit und ohne Ball)

Konditionelle Basiskompetenzen

Die Ausdauer lässt sich bei Kindern sehr gut spielerisch trainieren. Bei intervallartigen Belastungen im Rahmen von Spielformen können die Kinder Pausen und Intensität selber regulieren. Der hohe Aufforderungscharakter von Spielen motiviert Kinder und höhere Intensitäten werden dadurch besser toleriert. Ein Training nach der Dauermethode wird dann von Kindern akzeptiert, wenn keine Langeweile durch Monotonie aufkommt.

Beim Training der Wurf- und Sprungkraft ist es wichtig, die Belastung nicht zu hoch anzusetzen. Hier sollte viel mit dem eigenen Körpergewicht, ausreichend Pausen und mithilfe von Spiel- und Wettkampfformen trainiert werden. Bei einigen Kindern kann auch die Last des eigenen Körpergewichts zu hoch sein. Dies ist oft zu beobachten, wenn Kinder Liegestütze machen. Deshalb ist besonders auf eine hohe Bewegungsqualität, das heißt technisch saubere Ausführung der Übung zu achten. Ist eine korrekte Bewegungsausführung nicht möglich, müssen die konditionellen Anforderungen reduziert werden, um Fehlbelastungen zu vermeiden. Liegestütze können z. B. an einer Langbank durchgeführt werden, so dass die Hände auf der Bank stützen und die Last reduziert wird.

Ausdauer
Kompetenz zur langandauernden Ausführung von Laufformen bzw. von handballspezifischen Spielhandlungen mit schneller Regeneration
Wurfkraft
Kompetenz zur schnellen und dynamischen Wurfausführung mit hoher Ballbeschleunigung
Sprungkraft
Kompetenz zur hohen und/oder weiten Ausführung von Sprüngen

Methodische Hinweise

Bei der Schulung der koordinativ-konditionellen Basiskompetenzen ist auf die korrekte Bewegungsausführung zu achten. Vor allem bei koordinativen Spiel- und Wettkampfformen kann der Zeitdruck die Bewegungsqualität negativ beeinflussen. Häufig ist es sinnvoll, neue Bewegungen oder koordinativ sehr anspruchsvolle Übungen zu Beginn des Trainings durchzuführen. Abwechslung ist ebenfalls wichtig, da die Konzentrationsphasen der Kinder noch nicht besonders lang sind.

ÜBERBLICK: SPIELE UND ÜBUNGEN

Bausteine	Spiele	Seite
Laufkoordination	Linienfangen	31
	Wadenklatschen	32
	Hindernisfangen	33
Wurfpräzision	Bank befreien	34
	Schießbude	35
	Hütchenball	36
Sprungvariabilität	Flohspringen	37
	Sprungparcours	38
Antrittsschnelligkeit	Farbensprint	39
	3-Sportarten-Wettkampf	40
	Schnappi	41
	Start nicht verpassen	42
Wurfkraft	Torball	43
	Reifentreiben	44
Sprungkraft	Wurfbadminton	45
	Würfelkänguruh	46
Ausdauer	Promilauf	47
	Runden sammeln	48
	Tic Tac Toe	49
	Busfahrer-Spiel	50
Stationsbetrieb – Laufkoordination	Koordinationsleiter	52
	Wirbelwind	54
	Hütchenbahn	54
Stationsbetrieb – Wurfkraft	Bankziehen	55
	Überkopfziehen	55
	Überkopfwürfe	56
	Druckpässe	56
	Liegestütze	57
	Stützbeugen	57
Stationsbetrieb – Sprungkraft	Froschsprünge	58
	Blocksprünge	58
	Steigesprünge seitlich	59
	Steigesprünge frontal	59
	Seilspringen	60
	Schrittwechselsprünge	60

LINIENFANGEN

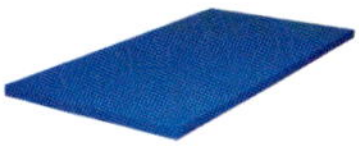 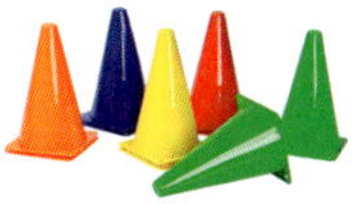 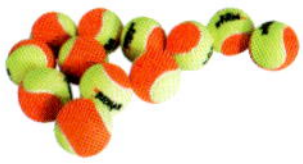 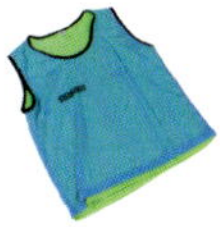

Laufkoordination

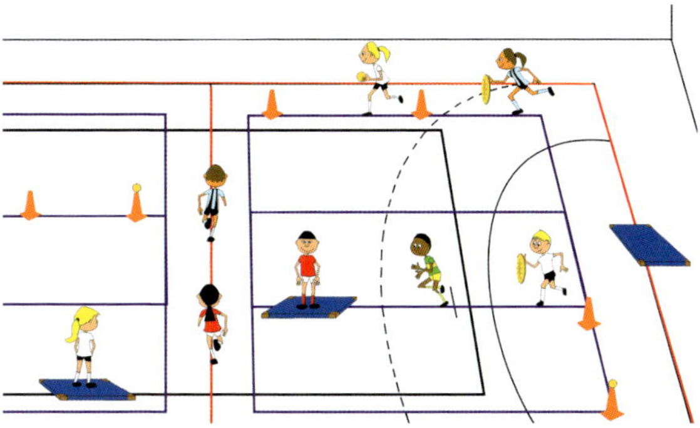

SPIELIDEE / ABLAUF

Es werden zwei bis drei Fänger bestimmt, die durch ein farbiges Leibchen gekennzeichnet sind, das sie in der Hand halten. Fänger und Gejagte dürfen ausschließlich auf den Linien der Halle laufen. An verschiedenen Stellen werden Turnmatten ausgelegt, die über Linien erreichbar sein müssen. Auf der Matte kann man nicht gefangen werden. Es darf sich aber immer nur ein Kind auf der Matte befinden. Kommt ein zweites Kind dazu, muss das erste die Matte verlassen. Die Fänger dürfen über die Matte laufen. Außerdem werden drei Einbahnstraßen gebaut. Diese sind gekennzeichnet durch zwei Hütchen, wobei auf einem Hütchen ein Tennisball liegt. Die Linie zwischen den Hütchen kann nur von der Seite mit dem Tennisball durchlaufen werden. Das Kind nimmt den Ball, läuft durch die Einbahnstraße und legt den Ball auf dem anderen Hütchen wieder ab. Kann der Fänger ein anderes Kind abschlagen, wird dieses zum neuen Fänger und bekommt das Leibchen. Es werden Vorgaben für die Fortbewegungsarten auf den verschiedenfarbigen Linien gemacht (siehe Variationen).

VARIATIONEN

- Auf den roten Linien darf nur rückwärts gelaufen werden.
- Auf den schwarzen Linien darf nur im Hopserlauf gelaufen werden.
- Auf den blauen Linien werden Sidesteps durchgeführt

HINWEIS

- Die Vorgaben zur Fortbewegungsart sollten schrittweise eingeführt werden.

WADENKLATSCHEN

Laufkoordination

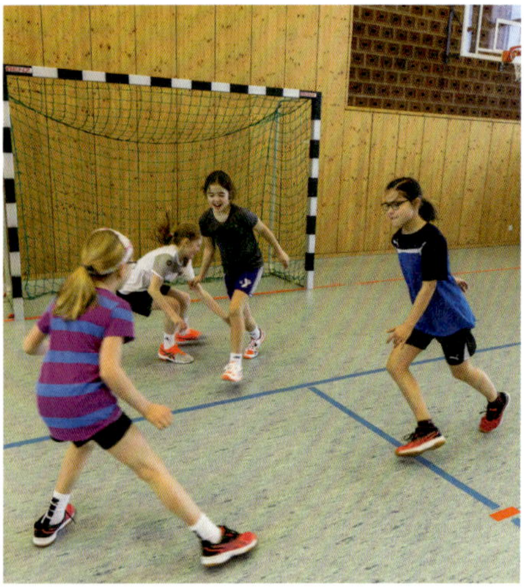

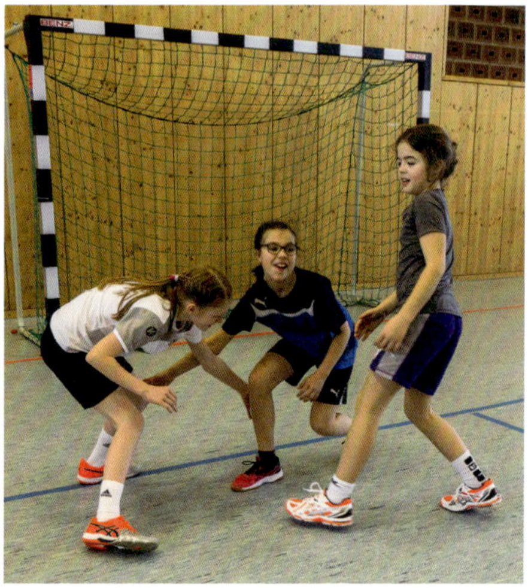

SPIELIDEE / ABLAUF

Alle Kinder befinden sich im Torraum (oder in einem ähnlich großen Feld). Ziel ist es, die Waden der anderen Kinder zu berühren. Für jeden Treffer erhält man einen Punkt. Die eigenen Waden dürfen nicht mit den Händen geschützt werden. Jedoch dürfen die Arme benutzt werden, um Gegner, die von vorne kommen, abzudrängen.

HINWEIS

- Darauf achten, dass nicht zu fest geschlagen wird.
- Darauf achten, dass nicht geschubst oder gestoßen wird. Die Arme dürfen nur als Stoßdämpfer zum Abdrängen benutzt werden.

VARIATIONEN

Organisation als Kaiserspiel: Es werden vier aneinander angrenzende Felder markiert. Alle beginnen im ersten Feld. Schafft es ein Kind, eine gegnerische Wade zu berühren, darf es ins nächste Feld wechseln. Ist das Kind im letzten Feld erfolgreich, fängt es im ersten Feld wieder an und zählt die absolvierten Durchgänge.

HINDERNISFANGEN

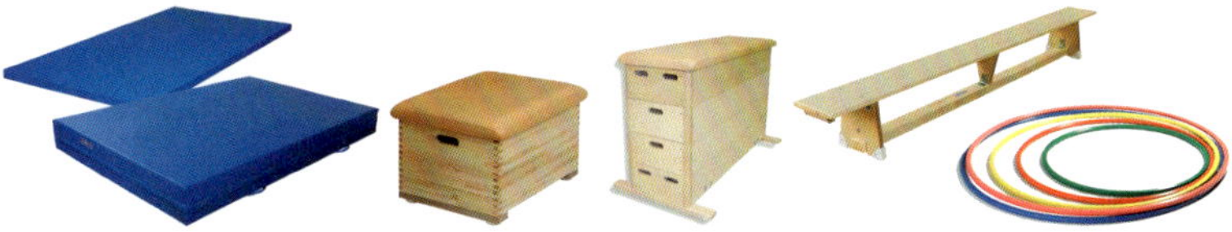

Laufkoordination	Sprungvariabilität	

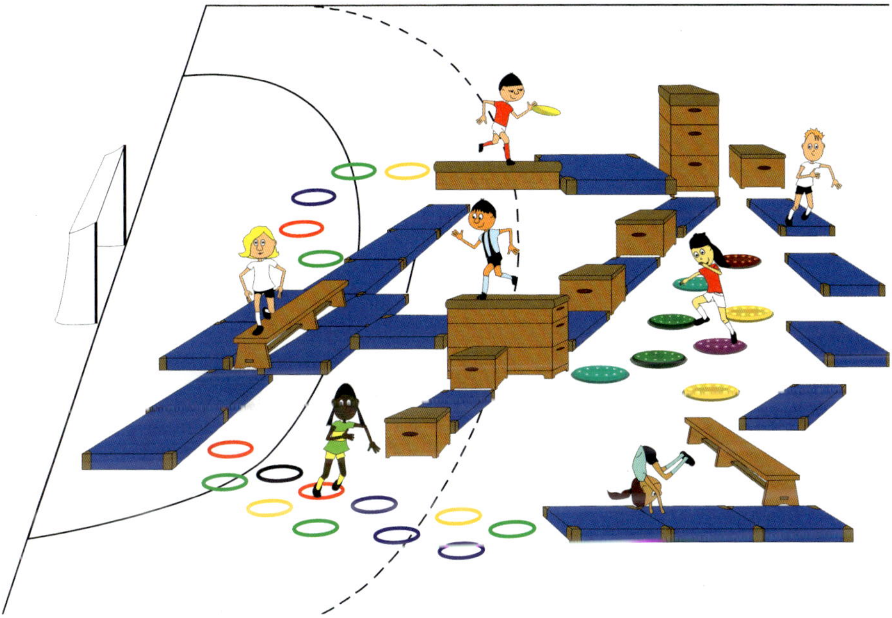

SPIELIDEE / ABLAUF

In einer Hallenhälfte werden Turnmatten, Weichbodenmatten, Reifen, Teppichfliesen, kleine Kästen etc. als Inseln verteilt, so dass die Kinder von einer zur anderen Insel springen können. Es gibt ein bis drei Fänger, die ein Leibchen in der Hand tragen. Wer gefangen wurde oder den Boden berührt, wird zum Fänger und bekommt das Leibchen.

VARIATIONEN

Wer gefangen wird setzt sich hin und kann von den anderen Kindern befreit werden, indem die Hand abgeklatscht wird. Die Fänger geben ihr Leibchen nicht ab, sondern versuchen, alle Kinder zu fangen.

HINWEIS

- Berührt ein Kind den Boden, ohne dass es vom Fänger gejagt wurde, wird der Fänger abgelöst, der als längstes als Fänger unterwegs war (der Trainer entscheidet).

BANK BEFREIEN

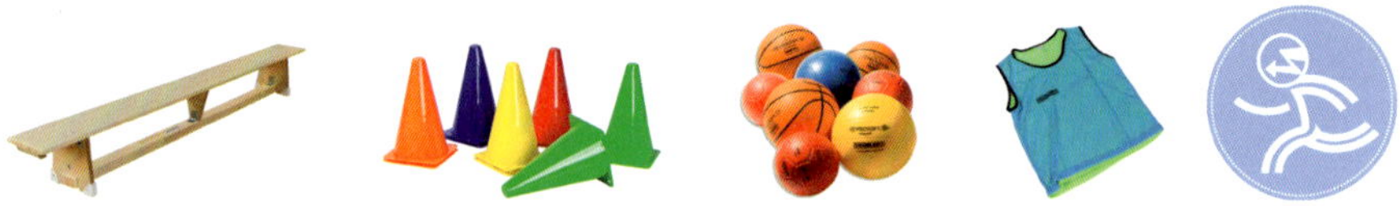

Wurfpräzision	Schlag- und Sprungwurf	

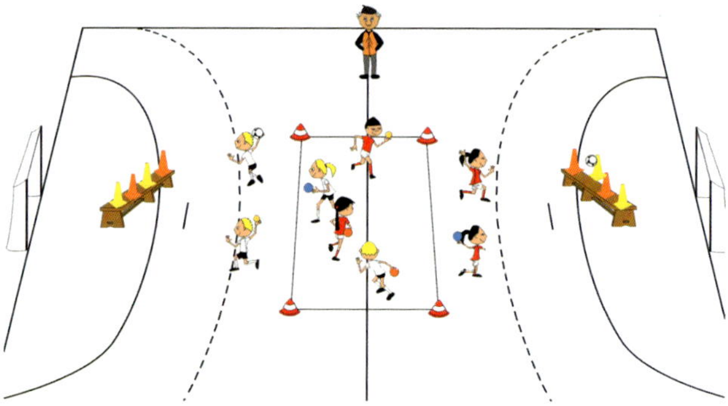

SPIELIDEE / ABLAUF

Es werden zwei Mannschaften gebildet, die sich in einem Feld in der Hallenmitte aufhalten. Jedes Kind hat einen Ball (Handball, Tennisball, Softball etc.). Auf beiden Torraumlinien steht jeweils eine Bank, auf der sich möglichst viele Hütchen befinden (gleiche Anzahl auf beiden Bänken). Zu Beginn des Spiels bewegen sich alle Kinder im Feld. Die Kinder haben die Aufgabe, Handbälle zu prellen, Tennisbälle von einer in die andere Hand zu spielen, Softbälle werden um die Hüfte gekreist. Auf Pfiff des Trainers muss jedes Kind den Ball mit einem Kind derselben Mannschaft tauschen. Auf ein verbales Kommando (z. B. Hepp) laufen alle Kinder zur eigenen Freiwurflinie. Von dort versuchen sie, eines der Hütchen abzuwerfen. Nachdem alle Kinder geworfen haben, werden die Bälle geholt und die Mannschaften finden sich wieder im Spielfeld ein. Es gewinnt die Mannschaft, die zuerst alle Hütchen von der Bank geworfen hat.

HINWEIS

- Pro Durchgang hat jedes Kind nur einen Wurf.
- Es darf gleichzeitig geworfen werden.

VARIATIONEN

- Zuerst mit zwei verschiedenen Bällen und Aufgaben starten, dann die Anzahl erhöhen.
- Das verbale Startzeichen wird durch ein visuelles ersetzt (z. B. Hochhalten eines Leibchens).
- Zielwürfe beidhändig oder mit links durchführen lassen.

SCHIESSBUDE

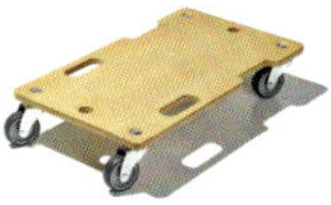
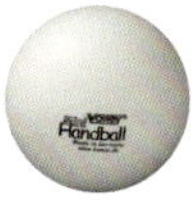
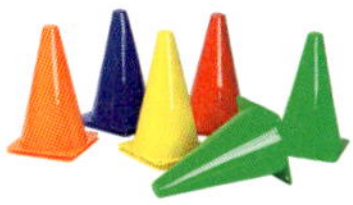

Wurfpräzision | Schlag- und Sprungwurf

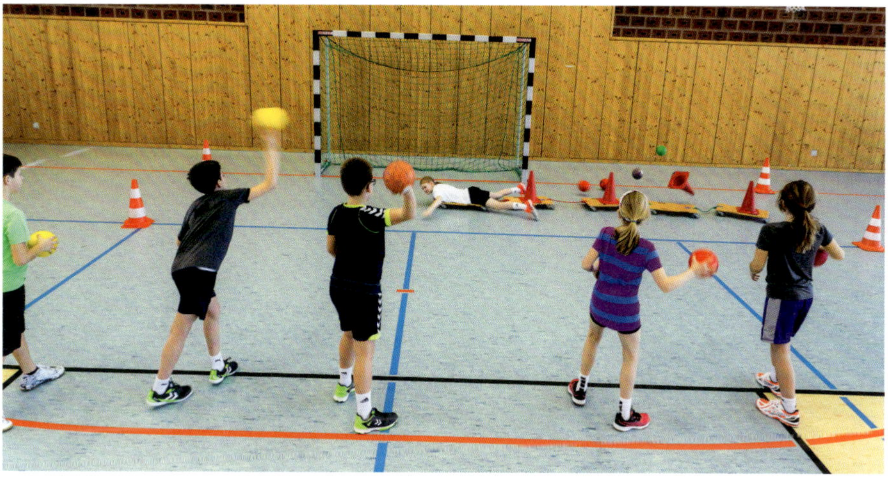

SPIELIDEE / ABLAUF

Es werden fünf Rollbretter durch Seile miteinander verbunden. Auf dem ersten Rollbrett liegt ein Kind auf dem Bauch. Auf den anderen Rollbrettern steht jeweils ein Hütchen. Alle anderen Kinder stehen mit jeweils zwei Softbällen hinter einer Abwurflinie. Parallel zur Abwurflinie (ca. 3 m Abstand) befindet sich ein Korridor.

Das Kind auf dem Rollbrett durchfährt den Korridor von Start- bis Ziellinie, indem es sich mit den Händen vorwärts schiebt. Die anderen Kinder versuchen, mit ihren Bällen die Hütchen von den Rollbrettern zu werfen. Jedes Kind absolviert einen Durchgang. Wer rettet die meisten Hütchen ins Ziel?

VARIATIONEN

Die Kinder werfen mit der Nicht-Wurfhand (Rechtshänder werfen mit links, Linkshänder werfen mit rechts).

HINWEIS

- Wenn sich der Korridor direkt vor einer Wand befindet, kann das Kind mit den Rollbrettern nicht nach hinten ausweichen.
- Abstand und Länge des Korridors an den Könnensstand der Gruppe anpassen.

HÜTCHENBALL

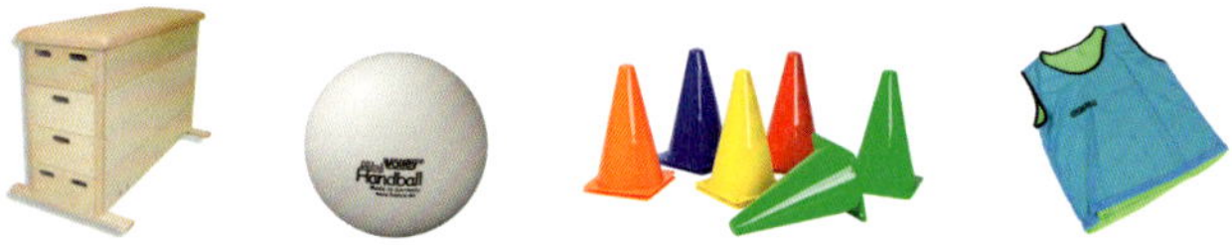

Wurfpräzision	Schlag- und Sprungwurf	Räume erkennen und nutzen

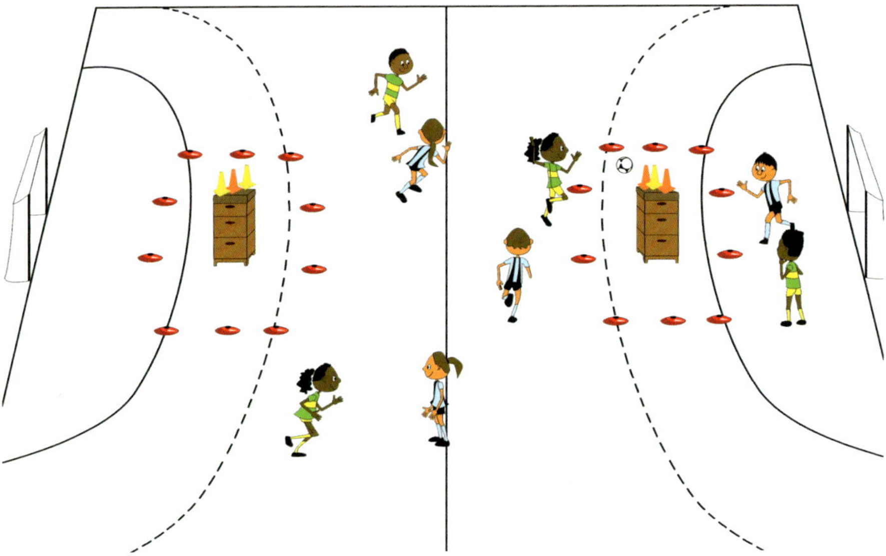

SPIELIDEE / ABLAUF

Es werden zwei Mannschaften gebildet. Jede Mannschaft verteidigt einen großen Kasten, auf dem jeweils drei Hütchen stehen (mit größtmöglichem Abstand zueinander). Um den Kasten herum wird eine Zone markiert, die nicht betreten werden darf. Die Aufgabe besteht darin, die Hütchen vom gegnerischen Kasten herunter zu werfen. Es darf nicht geprellt werden. Es sind drei Schritte erlaubt. Es gewinnt die Mannschaft, die zuerst alle drei gegnerischen Hütchen abgeworfen hat.

HINWEIS

- Es darf von allen Seiten auf die Hütchen geworfen werden.
- Es darf auch mit einem Sprungwurf geworfen werden, so dass das Kind nach dem Wurf in der Zone landet.

VARIATIONEN

An den Rand der Zone werden jeweils vier Reifen gelegt. Schafft es die angreifende Mannschaft ein Kind im Reifen anzuspielen, darf das Kind aus dem Stand ohne Gegnerbehinderung auf die Hütchen werfen.

FLOHSPRINGEN

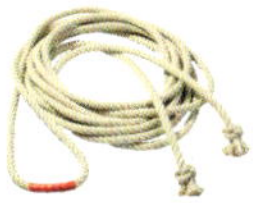

Sprungvariabilität	Sprungkraft	

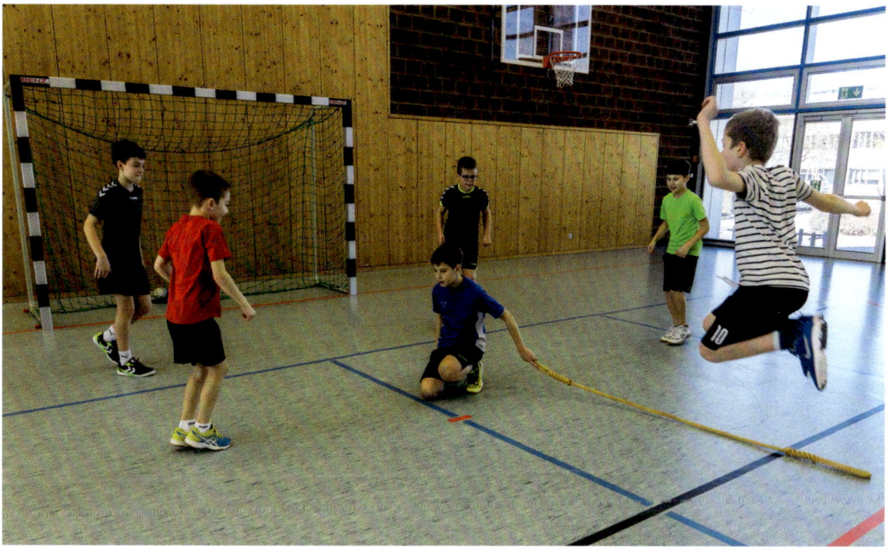

SPIELIDEE / ABLAUF

Etwa fünf bis sieben Kinder bilden einen Kreis. In der Mitte des Kreises steht ein Kind mit einem ca. 3 m langen Seil. Das Kind dreht sich im Kreis und schwingt das Seil flach über den Boden. Die anderen Kinder springen über das Seil, sobald es auf sie zukommt. Bleibt ein Kind am Seil hängen, macht es während des nächsten Durchgangs eine Zusatzaufgabe (z. B. Hampelmänner, Ballkoordinationsaufgaben, etc.).

VARIATIONEN

- Die Höhe und die Geschwindigkeit des Seils werden variiert.
- Es muss einbeinig gesprungen werden.
- Während der Übung passt sich die Gruppe einen Ball im Kreis zu.
- Soll ein Sieger ermittelt werden, dürfen ausgeschiedene Kinder nicht wieder in das Spiel einsteigen. Sie sollten aber alle sinnvoll durch Zusatzaufgaben beschäftigt werden und nicht zuschauen.

HINWEIS

- Darauf achten, dass die Kinder nicht nach hinten ausweichen, sondern über das Seil springen.

SPRUNGPARCOURS

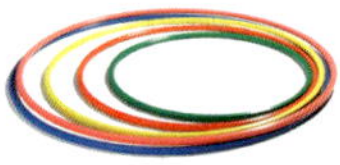
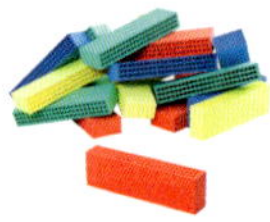
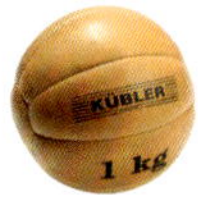

Sprungvariabilität

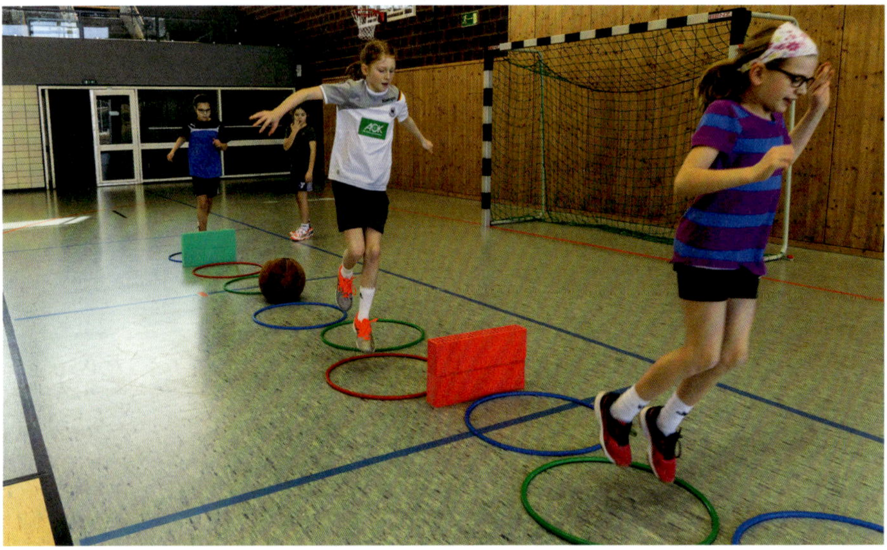

SPIELIDEE / ABLAUF

Die Aufgabe besteht darin, den Reifenparcours vom Start bis zum Ziel zu durchspringen. Zwischen den Reifen werden Hindernisse aufgebaut, die übersprungen werden müssen. In den roten Reifen muss mit dem rechten Bein gesprungen werden, in den blauen Reifen mit links und in den grünen Reifen beidbeinig. Erste Priorität hat das fehlerfreie Springen, danach kann die Geschwindigkeit erhöht werden.

HINWEIS

- Wenn mehrere Bahnen aufgebaut werden, können sich die Kinder gegenseitig kontrollieren.

VARIATIONEN

- Einführung einer vierten Reifenfarbe, in die mit einer halben Drehung und beidbeiniger Landung gesprungen werden muss.
- Durchführung als Wettkampf in Form einer Pendelstaffel mit zwei parallelen Bahnen. Bei einem Fehler muss das Kind den Parcours von vorne beginnen.

FARBENSPRINT

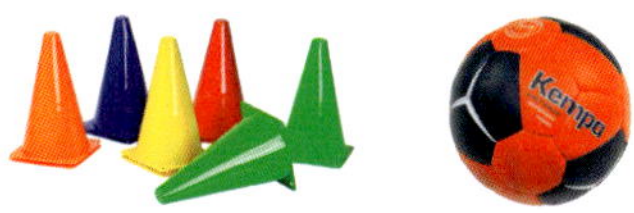

Antrittsschnelligkeit

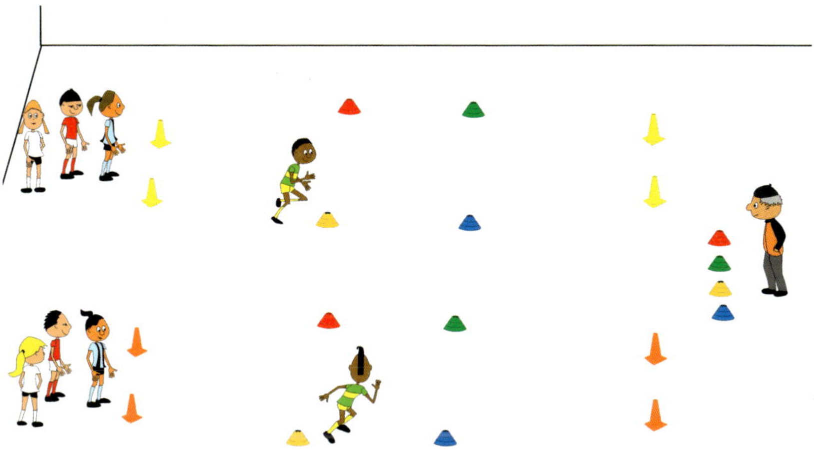

SPIELIDEE / ABLAUF

Es werden zwei Gruppen gebildet. Die Kinder einer Gruppe stehen hintereinander an der Startlinie. Zwischen Start- und Ziellinie befinden sich zwei durch vier verschiedenfarbige Hütchen markierte Rechtecke. Der Trainer sitzt gut sichtbar für die beiden Gruppen hinter der Ziellinie. Vor ihm stehen weitere vier Hütchen in denselben Farben. Die ersten beiden Kinder einer Gruppe treten gegeneinander an. Der Trainer berührt jetzt mit einer Hand nacheinander eines, zwei oder drei Hütchen. Die Kinder können mit der ersten Berührung starten und müssen in ihrem Rechteck die Hütchen in der richtigen Reihenfolge (wie vom Trainer gedrückt) anlaufen und mit einer Hand berühren. Wer am Schluss als Erster die Ziellinie überquert, hat den Durchgang gewonnen.

VARIATIONEN

- Es werden ein oder zwei Hütchen gedrückt, die im folgenden Sprint nicht berührt werden dürfen, die anderen müssen in beliebiger Reihenfolge angelaufen werden.
- Als Teamwettkampf durchführen. Welche Gruppe hat mehr Gewinner?
- Der Sprint wird prellend durchgeführt.

HINWEIS

- Anzahl der gedrückten Hütchen langsam steigern.
- Auf ökonomische Laufbewegung achten (kurze und schnelle Schritte).

3-SPORTARTEN-WETTKAMPF

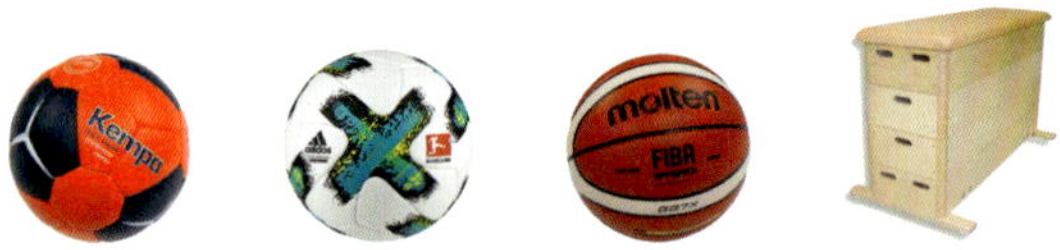

Antrittsschnelligkeit

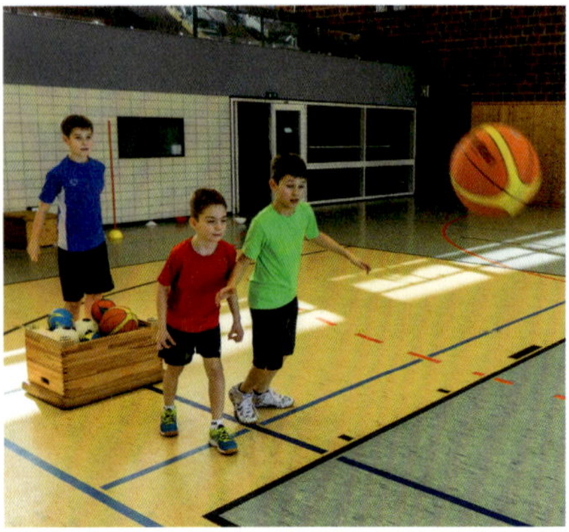

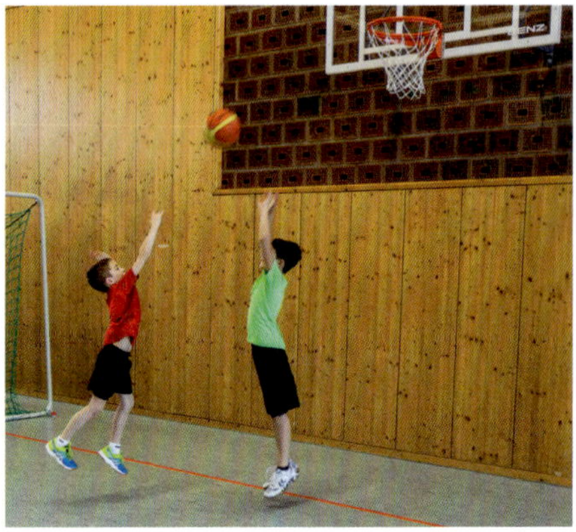

SPIELIDEE / ABLAUF

Die Kinder gehen paarweise zusammen und stehen nebeneinander an der Seitenauslinie auf Höhe der Mittellinie mit Blick ins Feld. Der Trainer steht hinter dem ersten Pärchen mit Basketbällen, Fußbällen und Handbällen. In den Handballtoren steht jeweils ein großer Kasten. Die Basketballkörbe der Querfelder werden genutzt soweit vorhanden oder durch Korbständer ersetzt. Ist das erste Pärchen bereit, wirft der Trainer einen Ball in hohem Bogen in die linke oder rechte Spielfeldhälfte. Sobald die Kinder den Ball sehen, sprinten sie los. Wer zuerst den Ball erreicht wird Angreifer, das andere Kind wird Abwehrspieler. Handelt es sich um einen Basketball, erfolgt der Abschluss auf den Basketballkorb. Der Handball wird ins Tor geworfen, der Fußball muss ins Tor geschossen werden, wobei der Kasten den Torhüter symbolisiert.

HINWEIS

- Bei einer großen Gruppe können die Pärchen relativ schnell nacheinander abwechselnd in die linke und rechte Spielfeldhälfte starten oder es wird in jeder Hallenhälfte eine Station aufgebaut (siehe Foto).

VARIATIONEN

Der Ball wird an der Mittellinie entlang entweder geworfen oder am Pärchen vorbeigerollt. Bei einem geworfenen Ball muss der Angreifer auf das Ziel in der linken Hälfte abschließen, bei einem gerollten Ball wird auf die rechte Hälfte gespielt.

SCHNAPPI

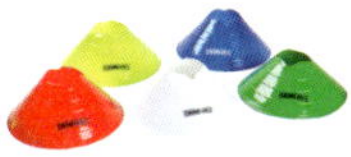

Antrittsschnelligkeit	Laufkoordination	

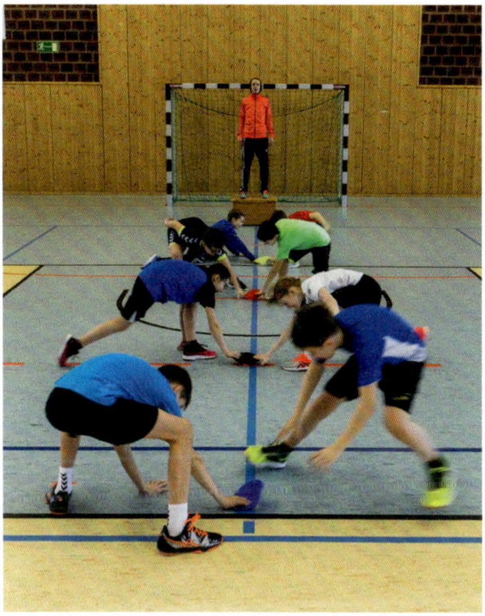

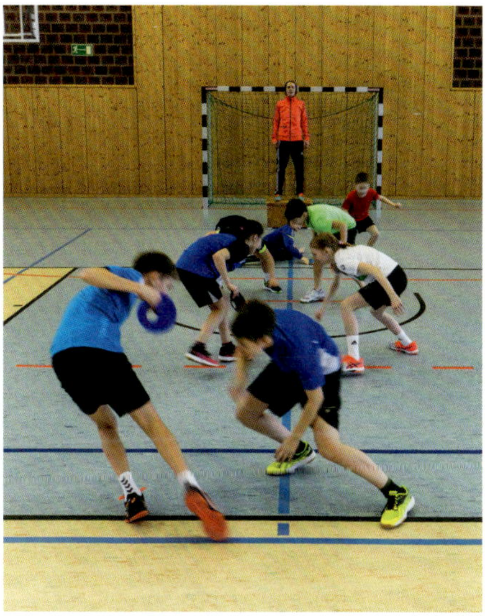

SPIELIDEE / ABLAUF

Die Kinder gehen paarweise zusammen und bilden eine Gasse (Abstand ca. 3 m). Zwischen den Pärchen liegt jeweils eine umgedrehte Markierungshaube. Am Ende der Gasse steht der Trainer. Er gibt Kommandos wie „Kopf", „Schultern", „Bauch" etc. Die Kinder müssen dann sofort mit beiden Händen die genannten Körperteile berühren.

Auf das Kommando „Schnapp" versuchen beide Kinder die Markierungshaube zu schnappen und zurück zu rennen, um die Haube über eine Ziellinie zu retten. Das andere Kind rennt hinterher und versucht, das flüchtende Kind abzuschlagen, bevor es die Linie überquert hat.

VARIATIONEN

Kommandos erweitern: „dreh" = Drehung um die eigene Achse, „Boden" = mit dem Gesäß einmal kurz den Boden berühren, „klatsch" = hinterm Rücken in die Hände klatschen etc.

HINWEIS

- Genügend Abstand zwischen den Pärchen lassen, damit sie sich nicht gegenseitig behindern.

START NICHT VERPASSEN

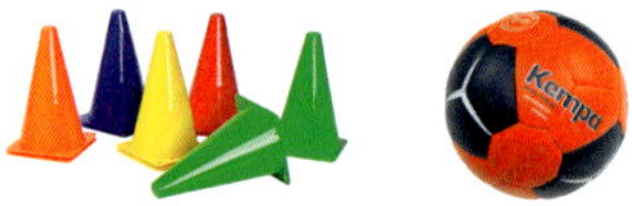

Antrittsschnelligkeit

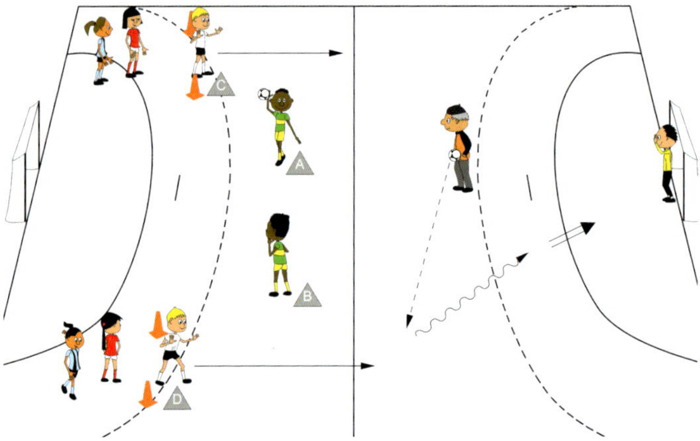

SPIELIDEE / ABLAUF

Der Aufbau und die Aufstellung erfolgen gemäß Abbildung. Die Spieler A und B spielen sich Pässe in der Stoßbewegung zu. Währenddessen bewegen sich Spieler C und D zwischen zwei Hütchen im Sidestep hin und her. Sobald Spieler A oder B den Ball auf den Boden tippt, starten C und D Richtung Mittellinie. Wer zuerst über die Mittellinie läuft, erhält vom Trainer einen Pass in den Lauf und darf mit einem Torwurf abschließen. In der Abbildung gewinnt Spieler D das Sprintduell. Jeder Spieler erhält pro erzieltem Tor einen Punkt. Die Pässe spielenden Kinder werden nach vier Durchgängen ausgetauscht.

VARIATIONEN

- Der Spieler, der das Sprintduell verliert, wird zum Abwehrspieler.
- Für ältere Kinder: Das Startsignal ist ein Schlagwurf von Spieler A oder B aufs Tor. Es dürfen Wurftäuschungen eingesetzt werden.
- **Noch schwieriger:** Das jeweils nächste Kind in der Reihe steht am äußeren Hütchen. Fallen Spieler C oder D auf die Wurftäuschung rein und starten zu früh, dürfen Spieler A oder B das freistehende Kind am Hütchen anspielen. Kommt der Pass an, hat das zu früh gestartete Kind den Durchgang verloren.

HINWEIS

- Der Torhüter wird regelmäßig gewechselt.

TORBALL

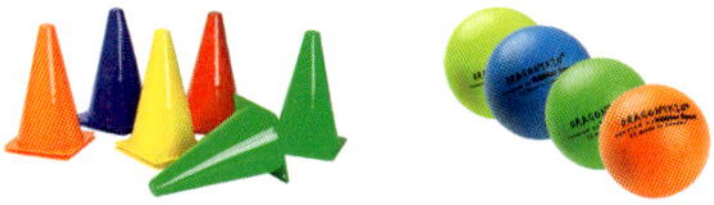

Wurfkraft

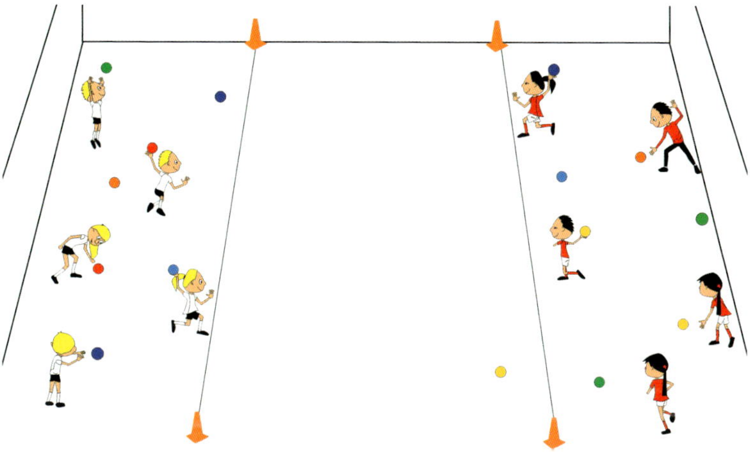

SPIELIDEE / ABLAUF

Das Spielfeld muss der Wurfkraft der Kinder angepasst werden. Meist kann ein Querfeld in der Halle genutzt werden, so dass die Seitenwände der Halle die Tore bilden. Seitlich werden die Tore mit Hütchen begrenzt. Es werden zwei Teams gebildet. Jedes Team befindet sich vor seinem Tor. Für jede Mannschaft gibt es eine Abwurflinie (Entfernung je nach Wurfkraft). Die Abwurflinie sollte so gewählt werden, dass die Kinder mit ihrem Wurf gerade so die gegenüberliegende Hallenwand erreichen. Es werden Softbälle auf beide Teams verteilt, so dass wenigstens jedes Kind einen Ball erhält. Auf ein Startsignal versuchen die Kinder, ihren Ball ins gegnerische Tor zu werfen. Jede Wandberührung zählt als Tor. Es sind fortwährend alle Bälle im Spiel. Es darf mit allen Körperteilen abgewehrt werden. Es sollte pro Tor ein Schiedsrichter abgestellt werden, der die Tore zählt.

HINWEIS

- Ist die Wurfkraft innerhalb der Teams sehr unterschiedlich, muss das Tor evtl. nach oben begrenzt werden (z. B. Höhe des Prallschutzes, Fensterreihe, Höhe der Geräteraumtore, etc.).
- Die Tore sind sehr breit. Je nach Anzahl der Kinder zwischen 10 und 20 m.

VARIATIONEN

Mit der Nicht-Wurfhand werfen lassen (Achtung: Abwurflinie anpassen).

REIFENTREIBEN

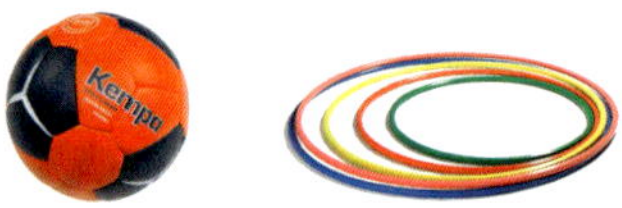

Wurfkraft

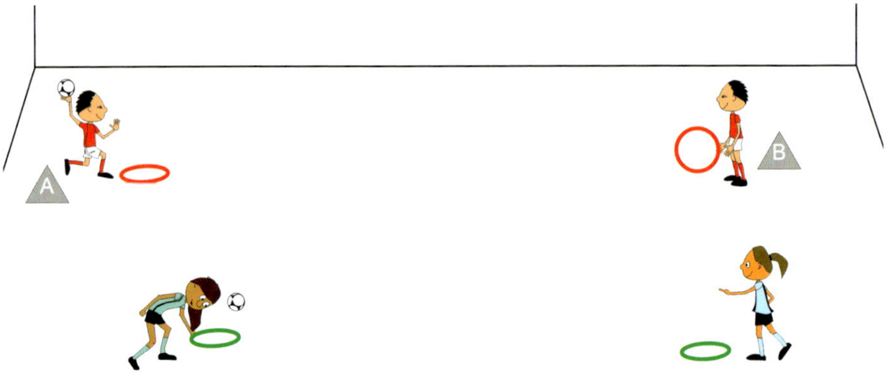

SPIELIDEE / ABLAUF

Die Kinder gehen paarweise zusammen und stellen sich gegenüber auf. Jedes Kind hat einen Reifen. Partner A legt den Reifen auf den Boden und stellt sich mit einem Ball in der Hand dahinter. Aus der Schrittstellung versucht Partner A, so weit wie möglich zu werfen. Partner B beobachtet die Flugbahn und legt den eigenen Reifen an die Stelle, wo der Ball den Boden berührt. Nun wirft Partner B, hinter dem eigenen Reifen stehend, den Ball zurück. Wer schafft es, den gegnerischen Reifen bis auf die andere Hallenseite zurückzutreiben? Die Würfe sollten in mehreren Durchgängen aus verschiedenen Positionen erfolgen (siehe Variationen). Würfe aus dem Kniestand oder aus dem Sitzen erfordern noch mehr Wurfkraft.

HINWEIS

- Je nach Größe der Halle können Endlinien vereinbart werden, hinter die der Reifen des Partners getrieben werden muss.

VARIATIONEN

- Würfe aus dem Kniestand (beide Beine knien oder ein Bein wird aufgestellt).
- Würfe aus dem Langsitz (gestreckte Beine nach vorne).
- Würfe aus dem Hürdensitz.

WURFBADMINTON

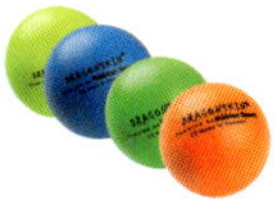 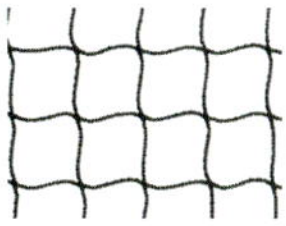 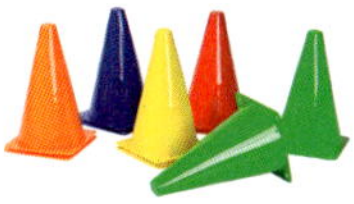

Sprungkraft

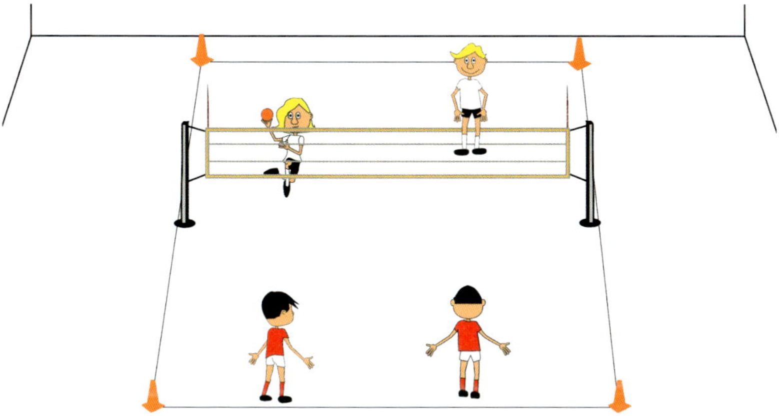

SPIELIDEE / ABLAUF

Mit einem Badmintonnetz und jeweils vier Hütchen werden mehrere kleine Felder markiert. Es wird 2:2 (maximal 3:3) gespielt. Die Netzhöhe muss so eingestellt werden, dass die Kinder nur aus dem hohen Sprungwurf einen geraden Wurf über das Netz ins gegnerische Feld durchführen können. Es dürfen höchstens drei Schritte mit dem Ball gemacht werden. Die Partner passen sich zu. Nach dem Pass muss ein Sprungwurf über das Netz erfolgen. Es kann ein Punkt erzielt werden, indem der Ball im Feld den Boden berührt und dann die Grundlinie des gegnerischen Felds überquert. Die Hütchen, die die Ecken des Felds markieren, sind die Torpfosten. Die abwehrende Mannschaft darf den Ball mit allen Körperteilen abwehren.

VARIATIONEN

- Je nach Spielverlauf können die Bälle variiert werden: kleine und schwere Bälle fliegen schneller, große und leichte Bälle fliegen langsamer.
- Für Profis: Punkte, die nach einem Kempa erzielt werden, zählen doppelt.

HINWEIS

- Die Höhe des Netzes muss der Sprungkraft der Kinder angepasst werden.
- Bei nicht vorhandenen oder nicht höhenverstellbaren Badmintonnetzen können auch Volleyballnetze oder eine Zauberschnur zwischen Hochsprungständern verwendet werden.
- Spätestens nach jedem zweiten Wurf sollte ein anderer Mitspieler den Wurf ausführen.

WÜRFELKÄNGURUH

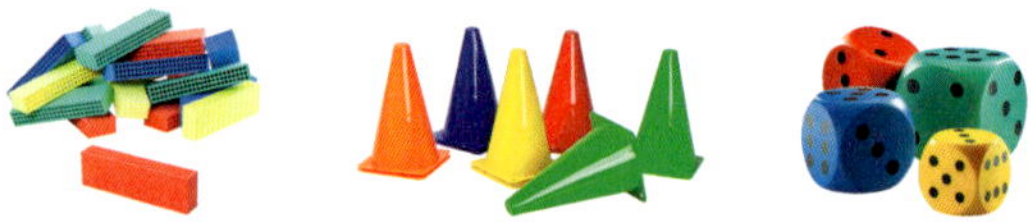

Sprungkraft

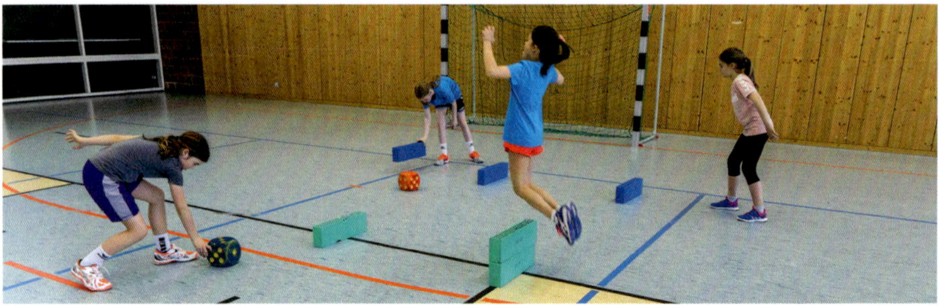

SPIELIDEE / ABLAUF

Die Kinder finden sich in Zweiergruppen zusammen. Jedes Pärchen braucht einen Würfel und drei Schaumstoffbalken. Alle Zweierteams starten an der Seitenauslinie. Auf ein Startkommando würfelt Partner A. Partner B steht auf der Seitenauslinie. Die Augenzahl bestimmt die Anzahl der Sprünge. 1 und 2 = ein Sprung, 3 und 4 = zwei Sprünge, 5 und 6 = drei Sprünge. Es müssen immer alle Schaumstoffbalken übersprungen werden. Das heißt, bei drei Sprüngen werden die Balken im von Partner B gewünschten Abstand hintereinandergelegt. Bei zwei Sprüngen müssen zwei Balken gestapelt werden und einer liegt einzeln. Bei einem Sprung werden alle drei Balken übereinandergestapelt. Nun muss Partner B beidbeinig über die Balken springen, ohne diese zu berühren. Wird ein Balken berührt, muss das Team zurück auf die Seitenauslinie. Gelingen die Sprünge, kann sofort weitergewürfelt werden. Sobald Partner B über die gegenüberliegende Seitenauslinie gesprungen ist, wechseln die Aufgaben auf dem Rückweg.

HINWEIS:

- Die Kinder sollten immer im sicheren Stand landen und keine Zwischenhüpfer machen.
- Passieren viele Fehler, kann auf der Hälfte der Strecke eine Linie gezogen werden. Wird der Fehler nach der Mittellinie gemacht, muss das Team nur bis zu dieser Markierung zurückgehen.

VARIATIONEN

Sind keine Schaumstoffbalken vorhanden, können Reifen genutzt werden. Anzahl der Sprünge = Anzahl der Reifen. Der Abstand der Reifen wird selbst gewählt, wobei die Reifen beim Springen nicht berührt werden dürfen.

PROMILAUF

beschriftete Zettel, Klebeband

Ausdauer

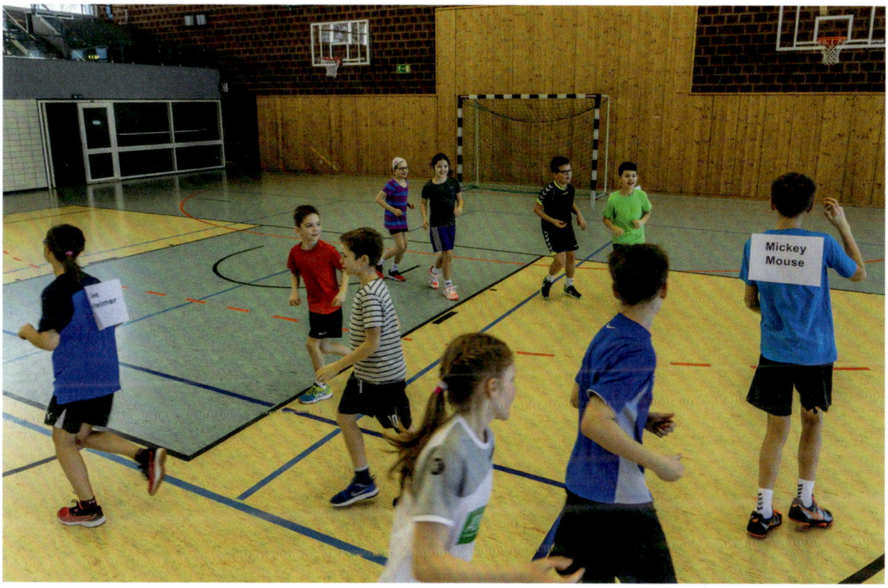

SPIELIDEE / ABLAUF

Die Kinder bilden Vierergruppen. Ein Kind jeder Gruppe geht zum Trainer und bekommt einen Zettel auf den Rücken geklebt, auf dem der Name einer prominenten Person oder Figur steht. Die Gruppen laufen kreuz und quer durch die Halle oder im Außengelände. Das Kind mit dem Zettel auf dem Rücken muss den Namen erraten, indem es Fragen stellt, die von der Gruppe nur mit ja oder nein beantwortet werden dürfen. Wurde die Person oder Figur erraten, holt sich die Gruppe einen neuen Zettel, den ein anderes Kind auf den Rücken geklebt bekommt.

VARIATIONEN

- Es können andere Fortbewegungsarten vorgegeben werden wie Hopserlauf oder Sidesteps.
- Die Gruppe passt sich während des Laufens einen Ball zu.

HINWEIS

- Da die Kinder ständig miteinander reden, laufen sie nicht zu schnell und trainieren automatisch nach der Dauermethode.
- Es spart sehr viel Zeit, wenn man die Zettel zu Hause vorbereitet.

RUNDEN SAMMELN

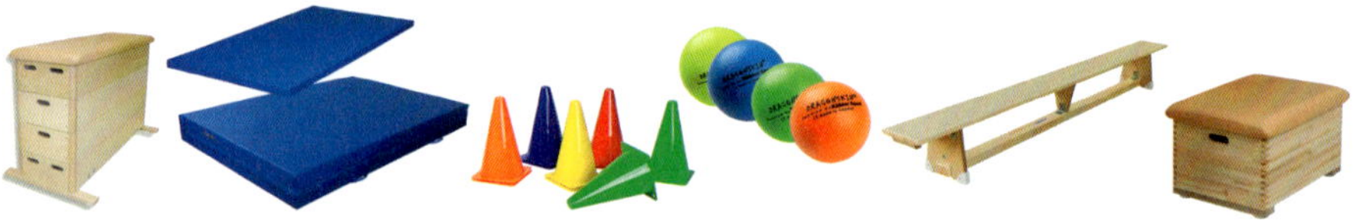

Ausdauer

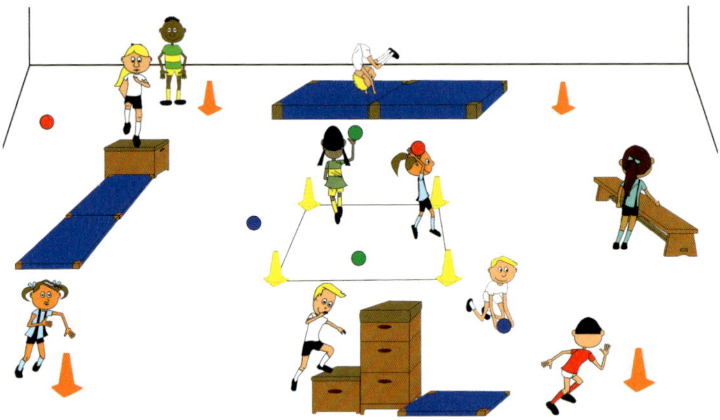

SPIELIDEE / ABLAUF

Im mittleren Feld befinden sich drei Werfer mit jeweils zwei bis drei Softbällen. Alle anderen Kinder starten in einer Hallenecke. Ziel des Spiels ist es, in einer vorgegebenen Zeit (z. B. 3 Minuten) so viele Runden wie möglich über die Hindernisse zu laufen, ohne vom Ball getroffen zu werden. Die Werfer dürfen nur aus dem mittleren Feld heraus werfen und müssen sich dann ihre Bälle selber wieder holen.

Schafft es ein Kind, eine komplette Runde über die Hindernisse zu laufen, ohne getroffen zu werden, erhält es einen Punkt. Wird ein Kind getroffen, läuft es außerhalb der Hindernisse die Runde zu Ende und startet sofort einen neuen Versuch aus der Startecke. Nach Ablauf der Zeit, gewinnt das Kind mit den meisten Punkten. Im nächsten Durchgang werden neue Werfer bestimmt.

HINWEIS

- Die Läufer dürfen keine Bälle bewusst wegkicken oder -werfen.
- Die Werfer dürfen die Läufer beim Holen der Bälle nicht behindern.

VARIATIONEN

- Wird ein Läufer getroffen, muss er das Rundenzählen wieder bei null anfangen. Das heißt, es gewinnt derjenige, der am meisten Runden am Stück gelaufen ist, ohne getroffen zu werden.
- Die Aufgaben an den Hindernissen können variiert werden.

TIC TAC TOE

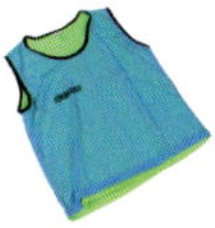 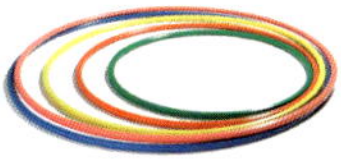 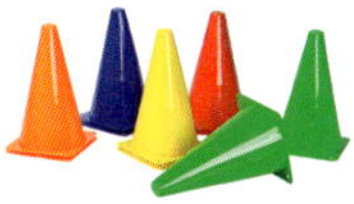

Ausdauer | Antrittsschnelligkeit

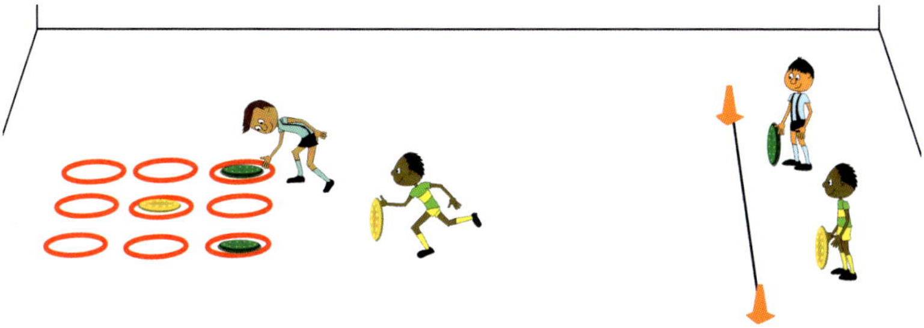

SPIELIDEE / ABLAUF

Ein Spielfeld besteht aus neun Reifen und einer Startlinie (siehe Abbildung). An jedem Spielfeld spielen zwei Teams gegeneinander. Je nach Belastungssteuerung besteht ein Team aus zwei bis vier Spielern. Team A erhält drei Leibchen der gleichen Farbe und Team B bekommt drei Leibchen in einer anderen Farbe. Die Spieler eines Teams laufen nacheinander in einer gleichbleibenden Reihenfolge. Auf ein Startsignal startet das jeweils erste Kind und nimmt ein Leibchen mit, welches in eines der neun Reifen abgelegt wird. Danach sprintet das Kind zurück und schlägt den nächsten Läufer ab, der das zweite Leibchen zum Spielfeld bringt und dort in einem freien Reifen platziert. Im dritten Lauf wird dementsprechend das dritte Leibchen im Spielfeld abgelegt. Ziel des Spiels ist es, die eigenen Leibchen so zu platzieren, dass sie in einer Reihe liegen (gerade oder diagonal). Gibt es keinen Sieger, nachdem alle Leibchen abgelegt wurden, darf der nächste Spieler eines der eigenen Leibchen in ein anderes freies Feld umlegen. Dieser Ablauf wiederholt sich, bis ein Sieger feststeht.

VARIATIONEN

- Sind verschiedenfarbige Bälle vorhanden, können Bälle von der Startlinie zum Spielfeld geprellt und dann abgelegt werden.
- Für die Laufstrecke können verschiedene Fortbewegungsarten vorgegeben werden.

HINWEIS

- Es dürfen keine Leibchen des gegnerischen Teams versetzt werden.
- Größere Abstände der Startlinie zum Spielfeld und kleinere Teams trainieren eher die allgemeine Ausdauerfähigkeit nach der Intervallmethode, kurze Abstände und größere Teams trainieren eher die Antrittsschnelligkeit.

BUSFAHRER-SPIEL

Zettel mit Städtenamen, Busfahrer-Fahrpläne, Reisegruppen-Fahrpläne

Ausdauer		

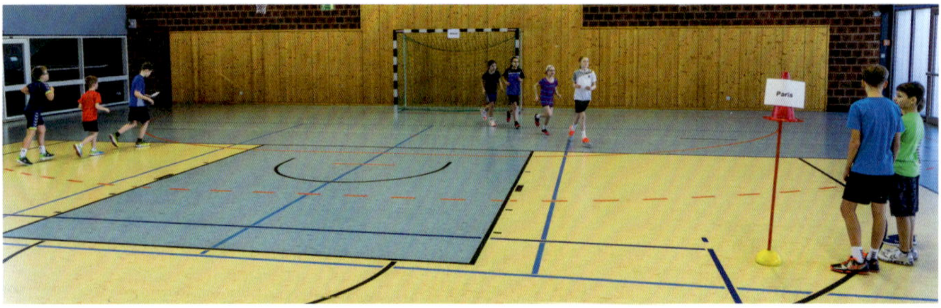

SPIELIDEE / ABLAUF

In der gesamten Halle oder auf einem Freigelände werden markante Orte (Sprecherkabine, Tor, Umkleidekabine ...) mit Ortsnamen gekennzeichnet. Drei Kinder übernehmen die Rolle des Busfahrers. Die restlichen Kinder bilden zu dritt oder viert Reisegruppen. Die Busfahrer bekommen unterschiedliche Fahrpläne. Jeder Busfahrer muss drei verschiedene Orte in der vorgegebenen Reihenfolge „anfahren". Die Busfahrer dürfen ihren Plan niemandem zeigen. Die Reisegruppen haben ebenfalls eigene Fahrpläne mit fünf Orten, die in der genannten Reihenfolge besucht werden müssen. Am Anfang entscheiden sich die Gruppen für einen Bus, mit dem sie fahren wollen (mehrere Gruppen pro Bus sind erlaubt). Jetzt laufen die Busfahrer im selbst gewählten Tempo ihre Orte an. Die Reisegruppen dürfen entscheiden, an welchem Ort sie aussteigen möchten. Dort können sie in den nächsten Bus einsteigen, sobald einer hält. Steigt eine Gruppe nach der ersten Fahrt bspw. in Mallorca aus, muss aber zuerst nach London, dann darf Mallorca nicht abgehakt werden, wenn es später auf der Liste steht. Die Gruppe, die zuerst alle Städte in vorgegebener Reihenfolge besucht hat, gewinnt das Spiel.

HINWEIS:

- Die Belastungsdauer kann gesteuert werden durch die Entfernung der Orte und die Anzahl der zu besuchenden Orte.
- Die Busfahrer laufen durchgehend, wohingegen die Gruppen immer kurze Pausen haben. Somit könnte der Trainer die fitteren Kinder als Busfahrer einteilen.

VARIATIONEN

Im Freigelände den Weg so wählen, dass z. B. durch Sandgruben oder über Hügel gelaufen werden muss.

MATERIALIEN FÜR DAS BUSFAHRER-SPIEL

STÄDTENAMEN

Es ist hilfreich, wenn die Kinder mit der Bezeichnung der Orte etwas verbinden können. Da die Schilder nicht von überall lesbar sind, müssen die Kinder wissen, wo sich welcher Ort befindet. Im Folgenden werden einige Beispiele vorgestellt:

Mallorca: Am Beachplatz oder an der Weitsprunggrube (Mallorca = Strand = Sand)
Zugspitze: Auf der Tribüne / Empore, an einem hohen Gebäude (Zugspitze = Berg = hoch)
Berlin: Handballtor / Fußballtor / Stadiontor (Berlin = Brandenburger Tor = Handballtor)
Hamburg: An der Anzeigentafel (Hamburg = Schiffe = Schiffshorn bzw. Signalton der Uhr)
London: Gänge der Umkleidekabinen (London = U-Bahn = Gänge der U-Bahn-Tunnel)
Paris: Hütchen im Raum aufstellen (Paris = Eiffelturm = Form der Hütchen)

FAHRPLAN FÜR DIE BUSFAHRER

Busfahrer 1: Paris – Berlin – Zugspitze
Busfahrer 2: Berlin – Mallorca – London
Busfahrer 3: Hamburg – London – Paris

FAHRPLAN FÜR DIE REISEGRUPPEN

Reisegruppe 1: Hamburg – London – Paris – Mallorca – Zugspitze
Reisegruppe 2: Zugspitze – Berlin – Paris – Hamburg – London
Reisegruppe 3: Mallorca – Zugspitze – London – Hamburg – Paris
Reisegruppe 4: Paris – Mallorca – London – Zugspitze – Berlin

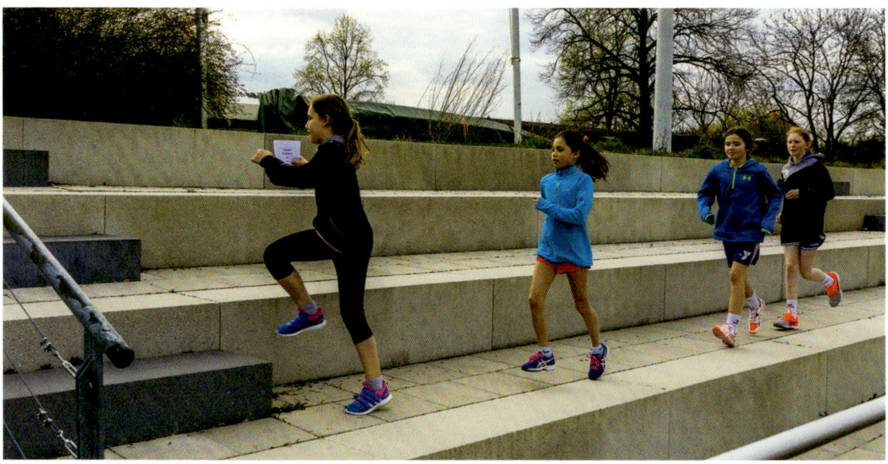

STATIONSBETRIEB

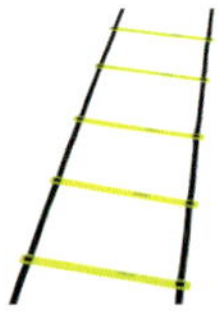

Laufkoordination

KOORDINATIONSLEITER

VORWÄRTS INNERHALB DER LEITER

Die Kinder beginnen mit Blick nach vorne vor der Koordinationsleiter und durchlaufen diese mit wechselnder Anzahl an Kontakten pro Feld wie folgt:

- 2 Kontakte pro Feld.
- 3 Kontakte pro Feld.
- 1 Kontakt (1. Feld), 2 Kontakte (2. Feld), 3 Kontakte (3. Feld), 1 Kontakt (4. Feld), 2 Kontakte (5. Feld) …
- Abwechselnd 1 Kontakt und dann 2 Kontakte pro Feld.
- 2 Kontakte pro Feld, dabei bewegen sich die Kinder immer 2 Felder vor und 1 Feld zurück. (Variante a: fortlaufend Pässe zum Trainer spielen; Variante b: Trainer sagt Zahlen an, Kind hält einen Ball und spielt bei gerader Zahl einen Doppelpasse nach rechts und bei ungerader Zahl nach links.)

VORWÄRTS INNERHALB UND AUSSERHALB DER LEITER

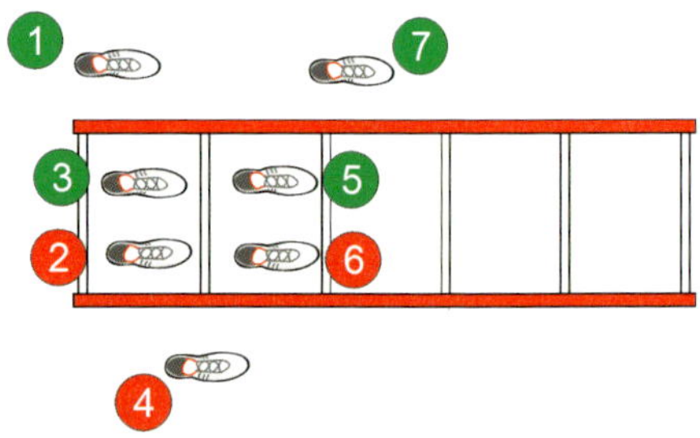

- Sidesteps mit 1 Kontakt außerhalb der Leiter und 2 Kontakten in den Feldern.
- 2 Kontakte außen, 1 Kontakt innen mit hinterem Überkreuzen beim Reinsetzen in das Feld.

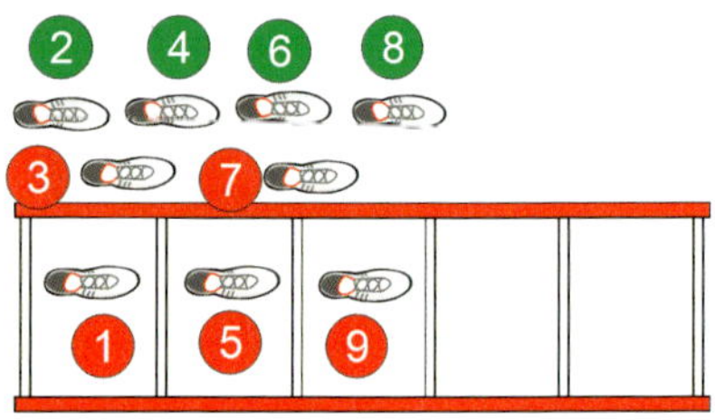

- Seitlich neben der Leiter Blick nach vorne, leiternaher Fuß macht einen Kontakt im Feld, danach 3 Kontakte außerhalb.

STATIONSBETRIEB

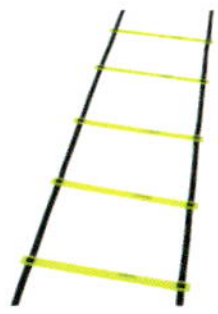

Laufkoordination

KOORDINATIONSLEITER

SEITWÄRTS FORTBEWEGEN

- Seitlich neben der Leiter stehen: das vordere Bein ins nächste Feld setzen, das hintere Bein nachsetzen. (Variante: im Kniehebelauf (immer in beide Richtungen).)

- Seitlich neben der Leiter stehen: 2 Kontakte im ersten Feld, einen Kontakt zurück neben die Leiter, 2 Kontakte im zweiten Feld …

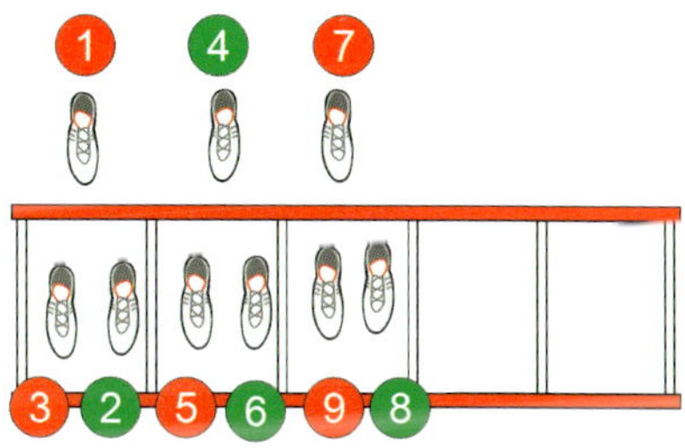

SPRÜNGE VORWÄRTS

Vor der Leiter stehen

- Beidbeinige Sprünge: beide Füße außerhalb der Leiter, dann ins erste Feld, außerhalb der Leiter, dann ins zweite Feld (in and out).

- 3 Kontakte links neben der Leiter, dann Sprung nach rechts über die Leiter und zurück (im zweiten Durchgang von der anderen Seite).

- 1 Kontakt pro Feld: 5 Sprünge mit links, dann 5 Sprünge mit rechts. (Variante: immer 1 Feld überspringen.)

SPRÜNGE SEITWÄRTS

- Seitlich zur Leiter stehen und kleine schnelle Schrittwechselsprünge mit einem Fuß in der Leiter und anderem Fuß außerhalb der Leiter (2 Sprünge pro Feld).

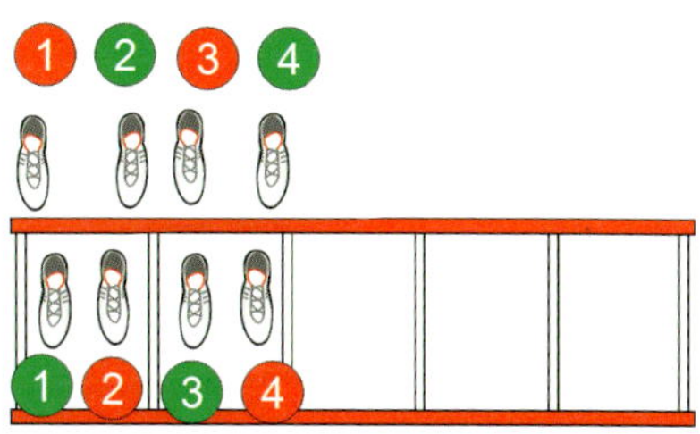

STATIONSBETRIEB

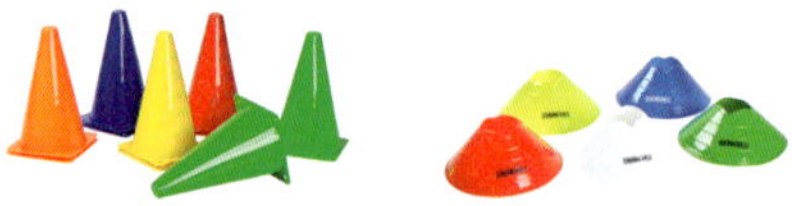

Laufkoordination

WIRBELWIND

Vier bis sechs Kinder bewegen sich im Torraum und achten darauf, untereinander immer den größtmöglichen Abstand zueinander einzuhalten. Der Trainer gibt verschiedene Fortbewegungsarten vor (Hopserlauf, rückwärtslaufen, Sidesteps, Anfersen, Kniehebellauf ...). Auf Pfiff springen die Kinder hoch und machen eine 360°-Drehung in der Luft.

Hinweis

Im größeren Raum kann die Übung auch mit allen Kindern durchgeführt werden.

Variante

Es werden mehrere farbige Hütchentore verteilt. Auf Zuruf einer Farbe, müssen alle schnellstmöglich einen Sprint durch eines der farblich entsprechenden Hütchentore machen.

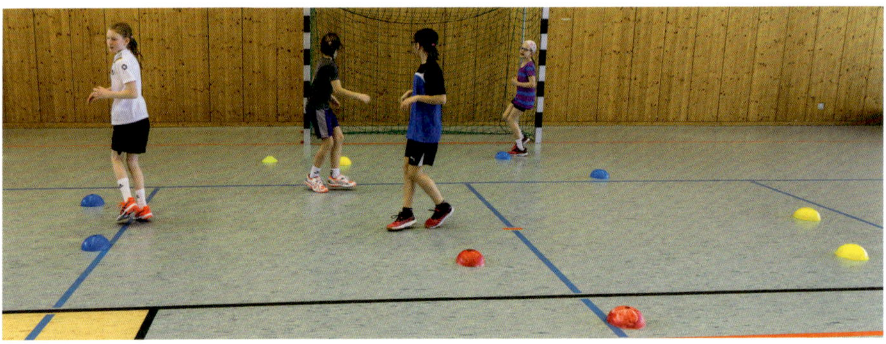

HÜTCHENBAHN

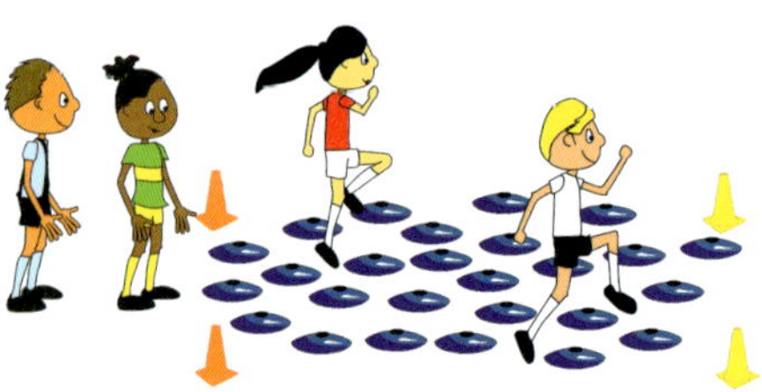

Es werden mehrere Markierungshauben in einem zu durchlaufenen Rechteck eng nebeneinander verteilt, so dass nur kleine Lücken zwischen den Hauben entstehen. Die Kinder müssen so schnell wie möglich mit Skippings durch das Feld laufen, ohne eine Markierungshaube zu berühren.

STATIONSBETRIEB

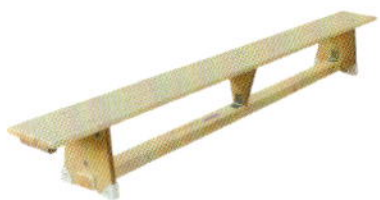

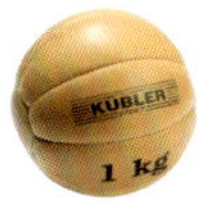

Wurfkraft

BANKZIEHEN

Die Kinder liegen mit dem Bauch auf der Bank (Blick nach vorne) und ziehen sich mit beiden Armen über die Bänke. Die Beine können angewinkelt werden, damit die Füße oder Knie nicht bremsen.

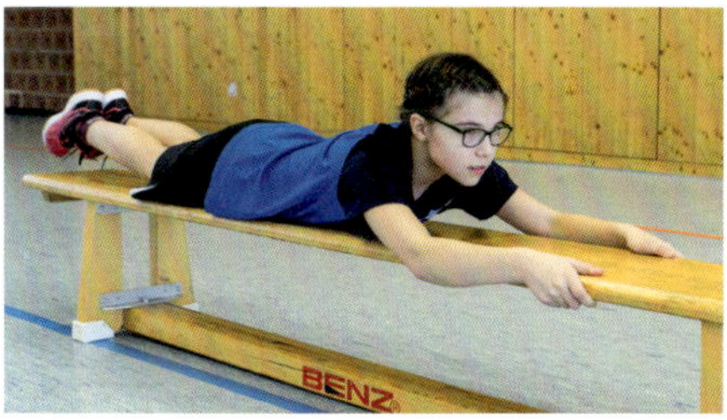

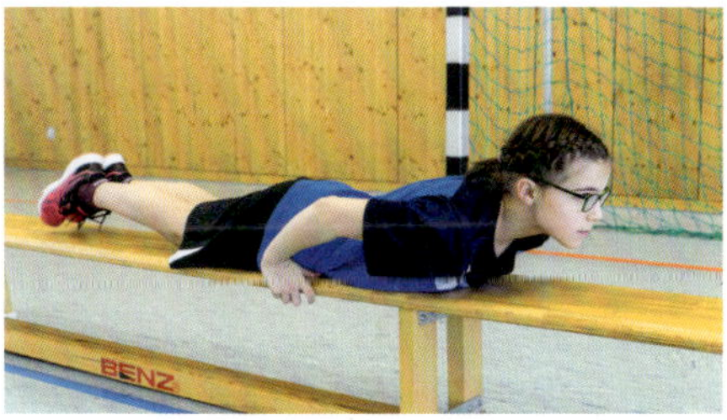

ÜBERKOPFZIEHEN

Die Kinder liegen mit dem Rücken auf einer Bank, so dass der Kopf am Ende der Bank aufliegt. Die Füße werden aufgestellt. Die Kinder halten einen Medizinball in beiden Händen und führen diesen soweit Richtung Boden wie möglich, dann wird der Ball wieder hochgeführt bis sich die Arme senkrecht zur Bank befinden. Das Gewicht des Medizinballs den Fähigkeiten der Kinder anpassen.

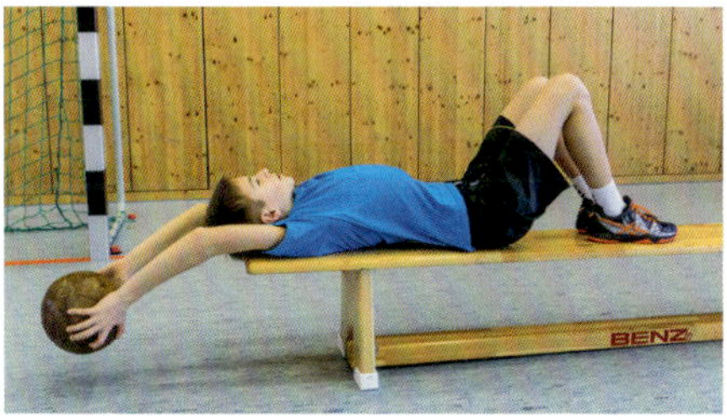

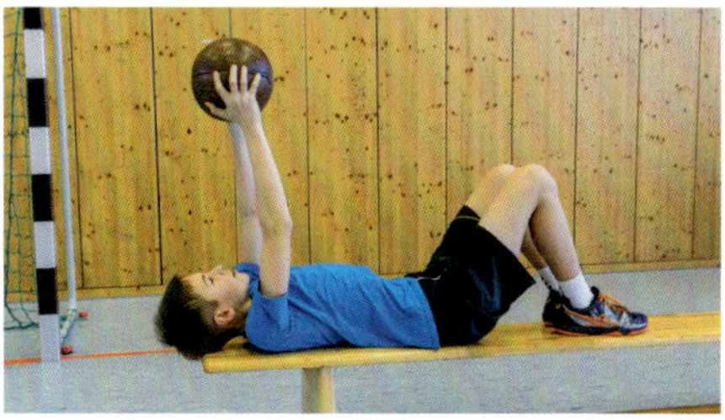

STATIONSBETRIEB

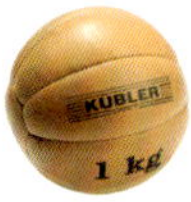

Wurfkraft

ÜBERKOPFWÜRFE

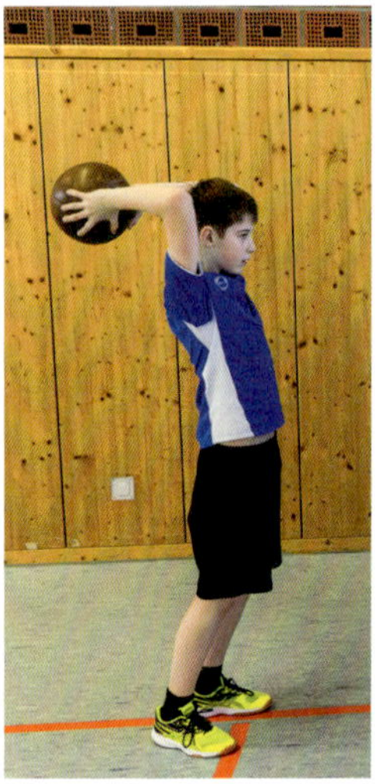

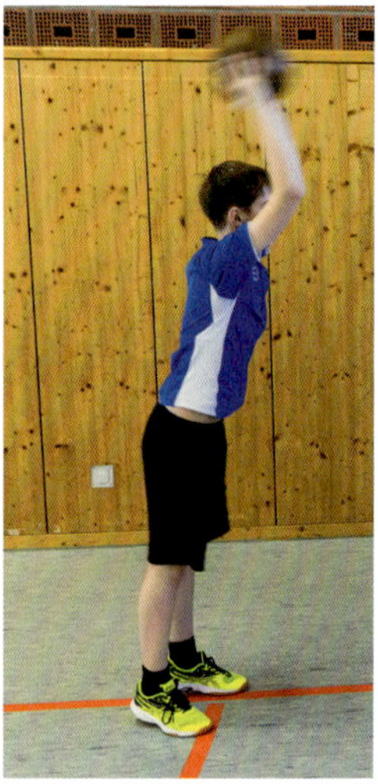

Die Kinder gehen paarweise zusammen und stellen sich im Abstand von 3–4 m gegenüber. Jedes Paar hat einen Medizinball. Die Kinder stehen in paralleler Fußstellung (schulterbreit) und werfen den Medizinball mit einem beidarmigen Überkopfwurf zum Partner. Den Abstand und das Gewicht des Medizinballs den Fähigkeiten der Kinder anpassen.

Variante

Beidarmige Überkopfwürfe aus der Schrittstellung.

DRUCKPÄSSE

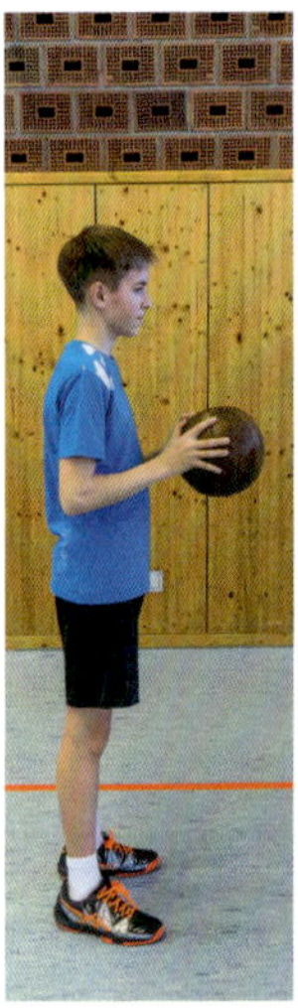

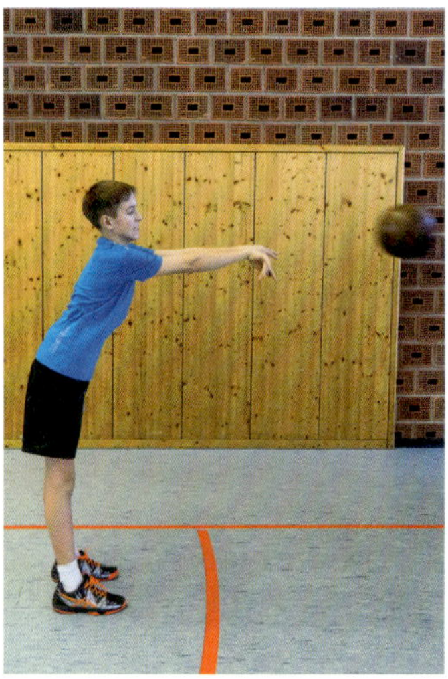

Die Kinder stehen paarweise mit einem Medizinball vor der Wand. Jedes Kind hat ein Hütchen, um die Abwurfentfernung zu markieren. Der Medizinball wird abwechselnd mit einem Druckpass an die Wand geworfen. Jedes Kind markiert mit seinem Hütchen die Entfernung, von der der Medizinball noch so gestoßen werden kann, dass der Ball auf Brusthöhe der Kinder die Wand trifft.

Variante

Der Ball wird einarmig gestoßen.

STATIONSBETRIEB

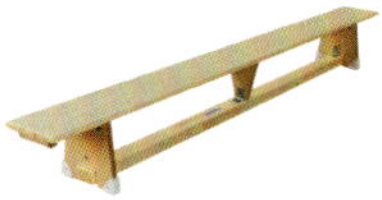

Wurfkraft

LIEGESTÜTZE

Die Kinder stehen vor der Längsseite einer Bank und gehen in die Liegestütz-Position, so dass die Hände auf der Bank stützen. Es werden Liegestütze durchgeführt, wobei darauf geachtet werden sollte, dass Beine und Oberkörper eine gerade Linie bilden. Fortgeschrittene Kinder können die Hände auch auf dem Boden stützen. Noch schwieriger wird es, wenn die Füße auf die Bank gestellt werden.

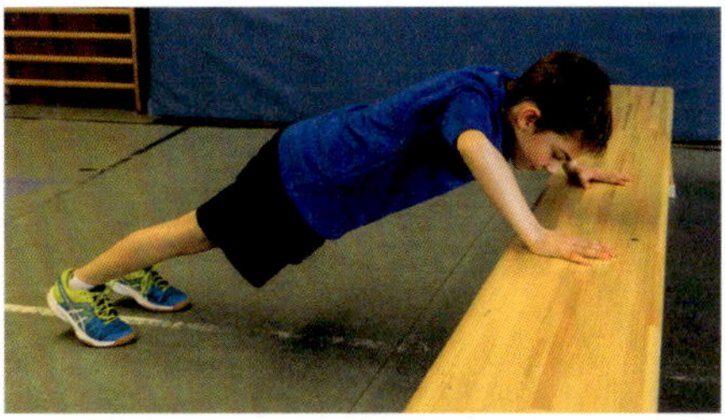

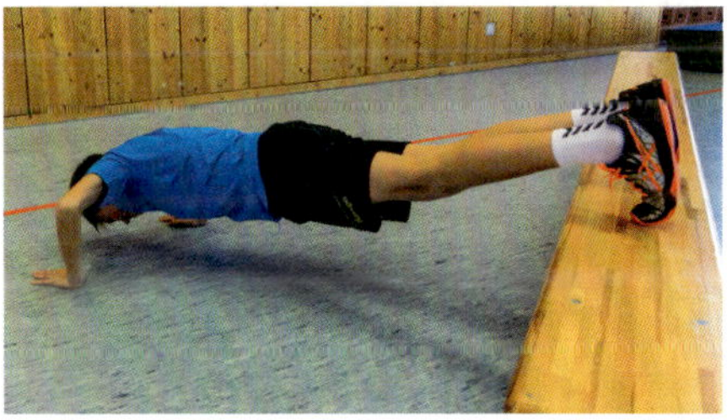

STÜTZBEUGEN

Die Kinder befinden sich zwischen zwei Bänken. Die Hände stützen jeweils auf einer Bank, die Beine sind gestreckt und die Fersen liegen auf dem Boden. Der Po wird langsam Richtung Boden gesenkt, jedoch nur so weit, dass sich das Kind aus eigener Kraft wieder in den Stütz drücken kann. Die Übung wird einfacher, wenn die Knie leicht gebeugt werden.

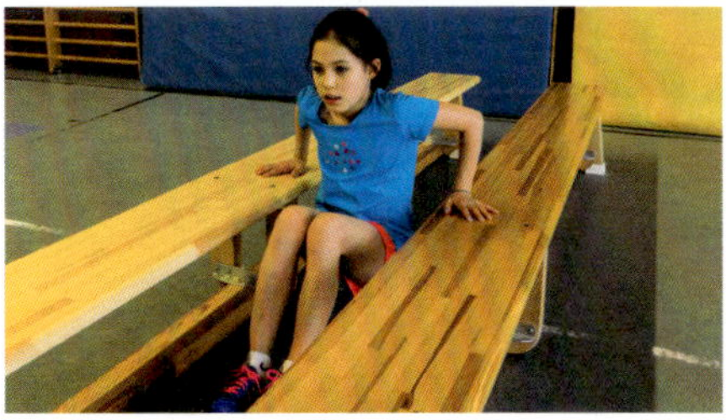

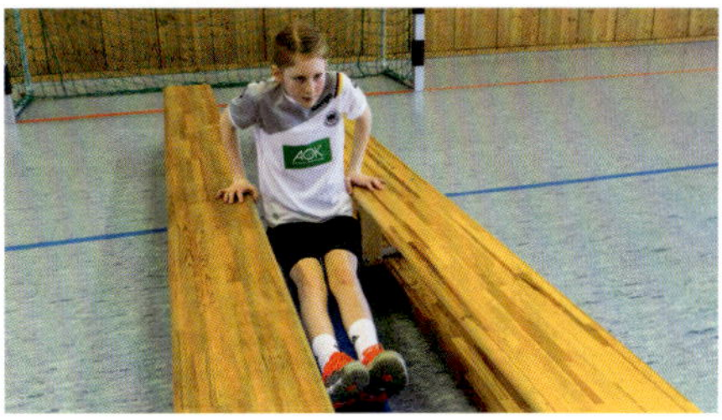

STATIONSBETRIEB

Sprungkraft

FROSCHSPRÜNGE

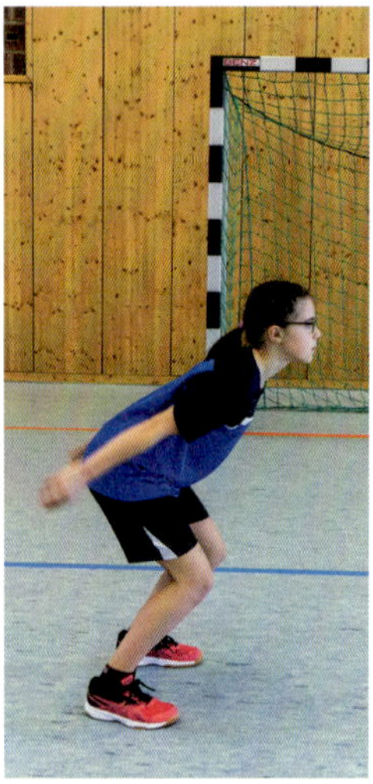
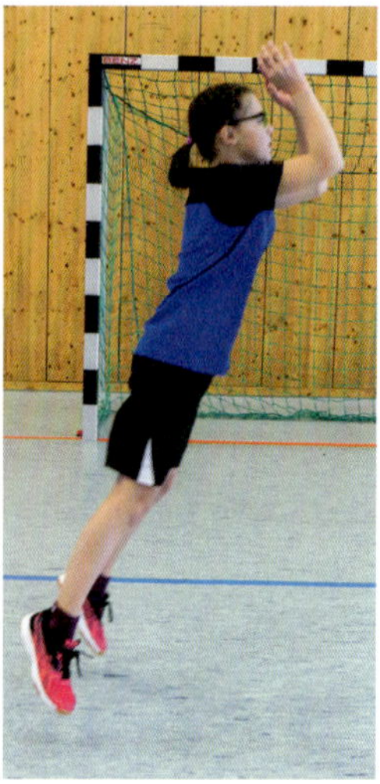

Auf einer vorgegebenen Strecke führen die Kinder Froschsprünge durch. Aus einer tiefen Hocke springen die Kinder beidbeinig maximal hoch und weit. Die Arme werden im Schwung von unten nach oben mitgenommen. In der Flugphase ist der gesamte Körper gestreckt. Der Rücken bleibt gerade. Die Landung wird in der Ausgangsposition stabilisiert.

BLOCKSPRÜNGE

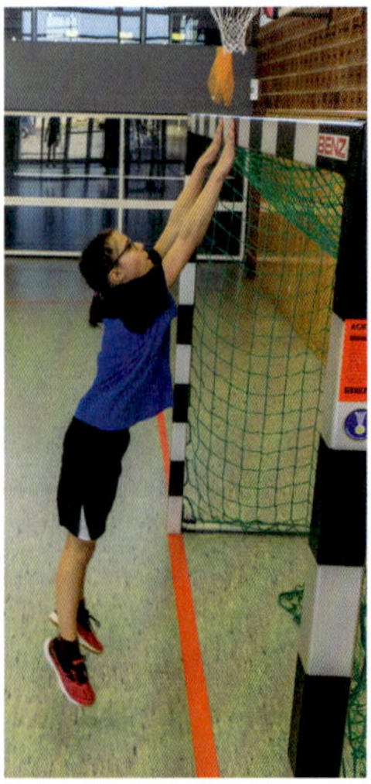
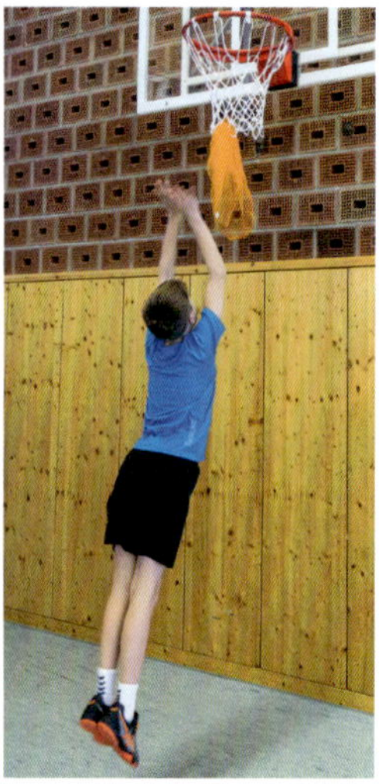

Die Kinder stehen vor dem Handballtor. Sie springen beidbeinig vertikal nach oben und versuchen, mit beiden Händen die Latte zu berühren. Für größere Kinder müssen höhere Ziele gewählt werden, damit jeder Sprung mit maximaler Leistung durchgeführt wird.

STATIONSBETRIEB

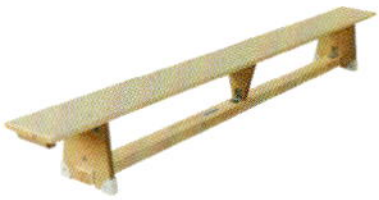

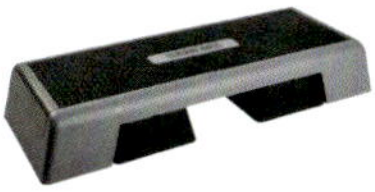

Sprungkraft

STEIGESPRÜNGE SEITLICH

An einer Langbank werden seitliche Sprünge mit maximaler Höhe durchgeführt. Darauf achten, dass der Abdruck nur von der Bank erfolgt. Bei kleineren Kindern kann die Übung an Steppern ausgeführt werden. Wenn sich die Kinder mit den Händen auf dem Knie abstützen müssen, um sich von der Bank abdrücken zu können, ist die Bank zu hoch!

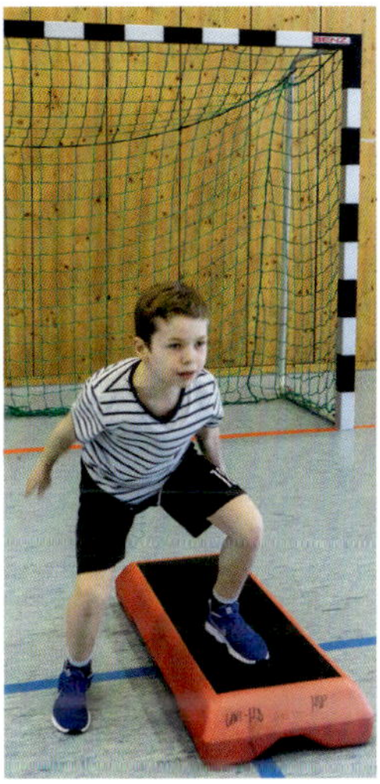

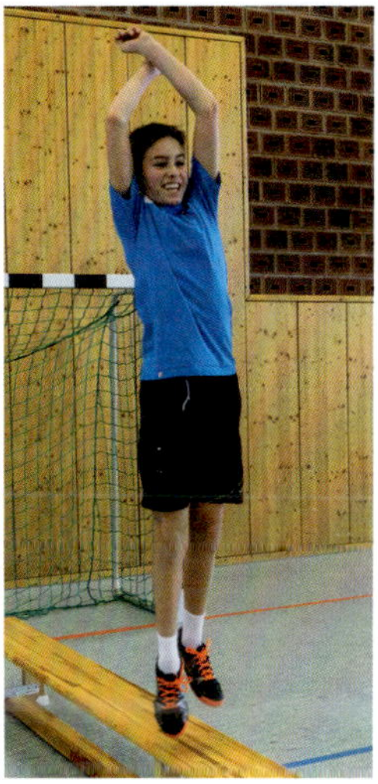

STEIGESPRÜNGE FRONTAL

Die Steigesprünge werden an einer Langbank (alternativ am Stepper) durchgeführt. Das rechte Bein wird auf die Bank gestellt. Das Kind drückt sich mit diesem Bein schnellkräftig nach oben ab, landet mit dem linken auf der Bank und mit dem rechten zum Stabilisieren auf dem Boden. Das Bein auf der Bank ist immer das Abdruckbein.

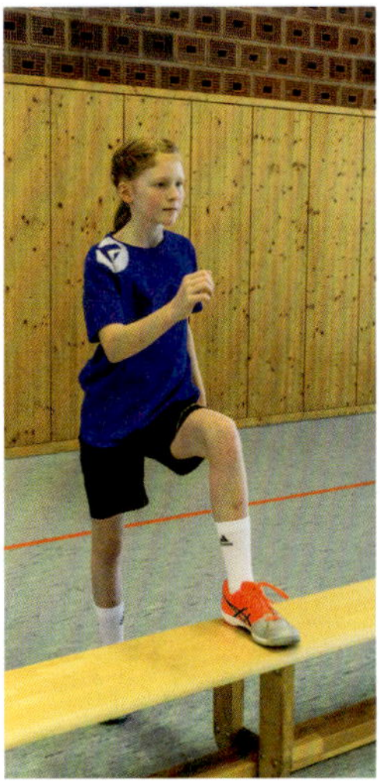

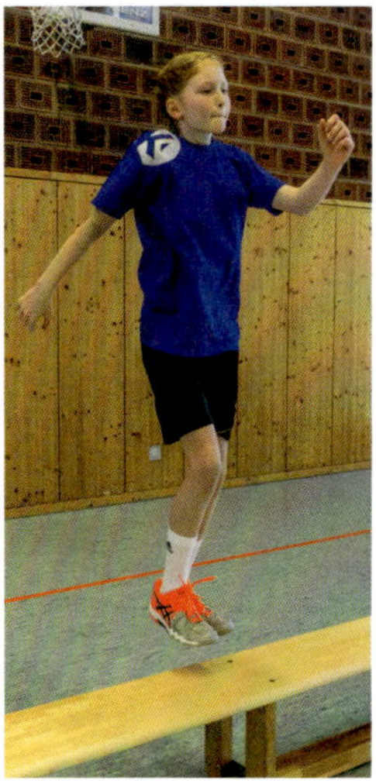

STATIONSBETRIEB

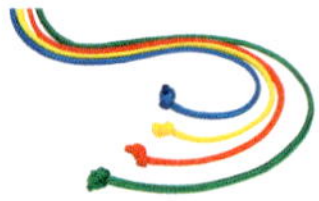

Sprungkraft

SEILSPRINGEN

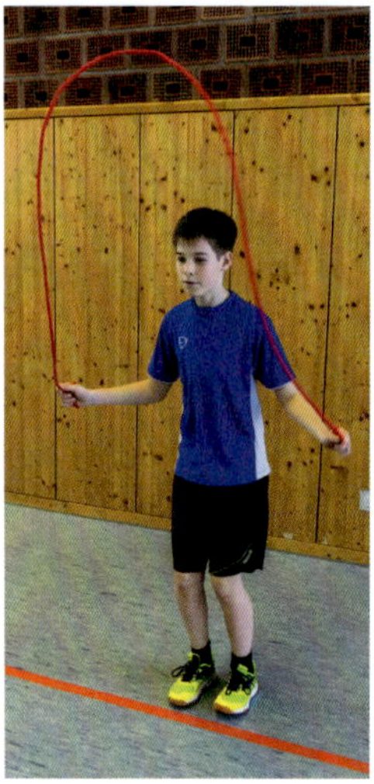

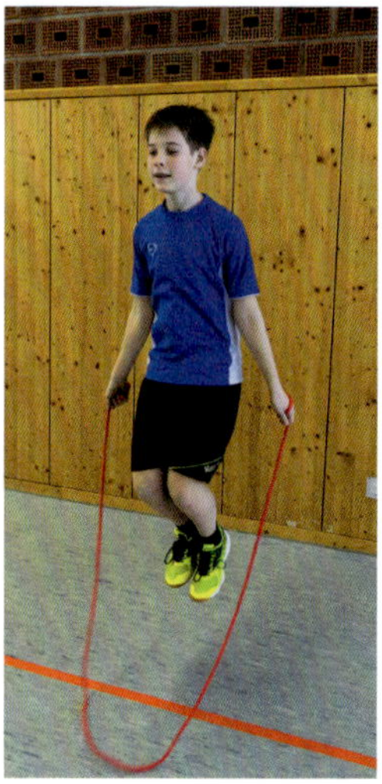

Die Kinder führen verschiedene Sprünge mit dem Sprungseil durch. Für Anfänger eignen sich zunächst beidbeinige Sprünge mit einem Zwischensprung. Später können die Kinder den Zwischensprung weglassen und auch mal einen Doppeldurchschlag mit dem Seil ausprobieren. Außerdem sollten einbeinige Sprünge eingeführt werden.

SCHRITTWECHSELSPRÜNGE

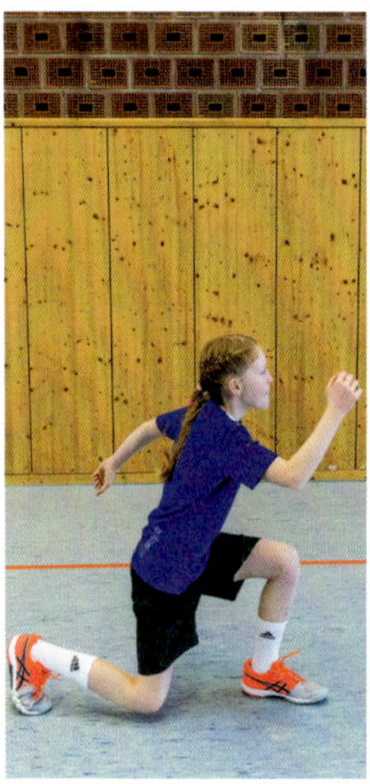

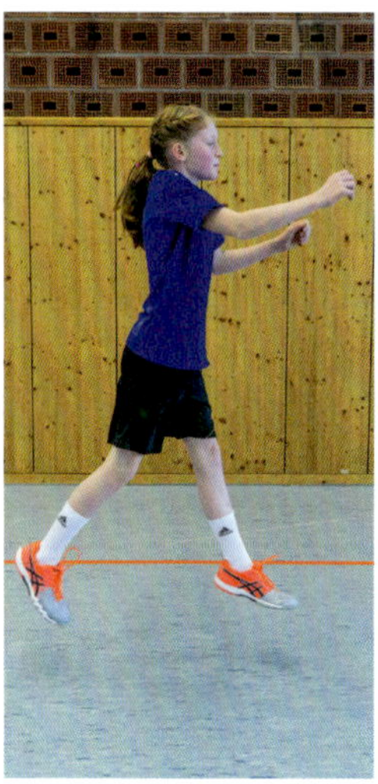

Die Kinder beginnen in Schrittstellung (Füße sind etwa schulterbreit auseinander) und springen maximal hoch. In der Luft wechselt die Schrittstellung, es wird gegengleich gelandet und erneut abgesprungen. Der Blick ist nach vorne gerichtet. Die Arme bewegen sich gegengleich.

7

BALLSCHULE HANDBALL

TECHNISCHE BASIS-KOMPETENZEN

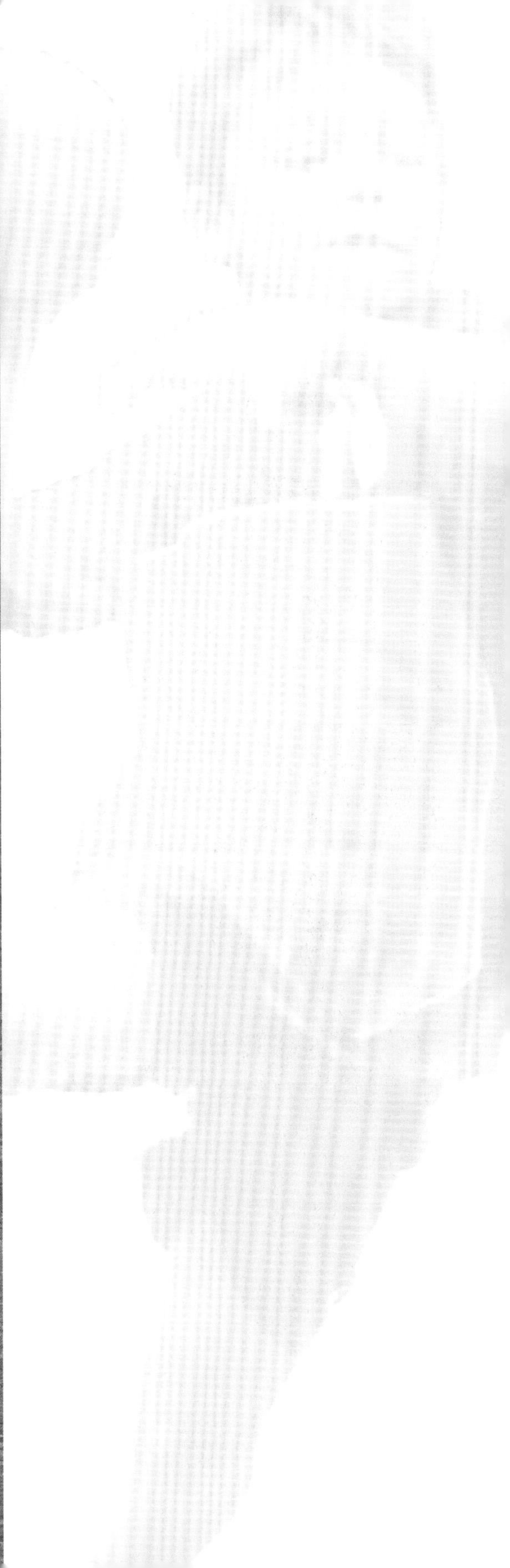

Ziel der beschriebenen Spiele und Übungen ist die Bewältigung der technischen Anforderungen, die sich im Kinderhandball ergeben. Nur wer z. B. Bälle in der Bewegung passen und fangen, den Ball regelkonform erobern, Täuschungen dynamisch ausführen kann und mit Hilfe von Schlag- und Sprungwürfen zum Torerfolg kommt, ist in der Lage aktiv am Handballspiel teilzuhaben. Die folgenden technischen Basiskompetenzen orientieren sich an den offensiven und defensiven Spielphasen.

Technische Basiskompetenzen der offensiven Spielphasen

	Balltransport
Prellen	Kompetenz zur regelgerechten Ballführung mit dem Ziel, handballtypische Räume zu überwinden
Passen und Fangen in der Bewegung	Kompetenz zur sicheren Ballannahme und -abgabe in der Laufbewegung
	Überzahl herausspielen
Lauf- und Körpertäuschung	Kompetenz zur Provokation fehlerhafter Antizipationen über die geplante eigene Spielhandlung (mit und ohne Ball)
	Torwurf
Schlag- und Sprungwurf	Kompetenz zur zielgerichteten Ausführung von Torwürfen aus dem Stand, dem Lauf und dem Sprung
Wurf unter Gegnerbehinderung	Kompetenz zur zielgerichteten Ausführung von Torwürfen trotz taktiler und / oder visueller Störung durch Gegenspieler

Technische Basiskompetenzen der defensiven Spielphasen

	Umschalten / Rückzug
Abwehrtäuschung	Kompetenz zur Provokation von Fehlern ballbesitzender oder prellender Gegenspieler
	Ball erobern / Torwurf verhindern
Bälle rausprellen und abfangen	Kompetenz zur regelgerechten Balleroberung
Abwehrgrundposition einnehmen	Kompetenz zum effektiven und regelgerechten Abdrängen des Gegenspielers aus torgefährlichen Räumen
	Torwurf abwehren
Torwartgrundbewegung	Kompetenz zur effektiven Abwehr von Torwürfen (hoch, halb hoch oder flach)

Methodische Hinweise zu den Spiel- und Übungsformen

Die technischen Basiskompetenzen werden überwiegend mit Hilfe von Übungen trainiert. Da beim Erlernen der technischen Basiskompetenzen der Ballschule Handball die Ausführungsqualität an Bedeutung gewinnt, sind konkrete Instruktionen und Korrekturen des Trainers, Übungsleiters oder Lehrers jetzt nicht nur erlaubt, sondern auch erwünscht. Durch die einfachen Übungsformen können bestimmte Knotenpunkte mit einer großen Wiederholungszahl trainiert werden, was Korrekturen ohne Unterbrechung einer Übung ermöglicht. Seltener werden Spielformen eingesetzt, da hier Korrekturen schwieriger erscheinen. Grundsätzlich gilt, dass die Fokussierung auf das Angriffsspiel oder die Abwehrarbeit durch Über- und Unterzahlverhältnisse sowie durch Anspieler in entsprechenden Spielräumen gesteuert wird.

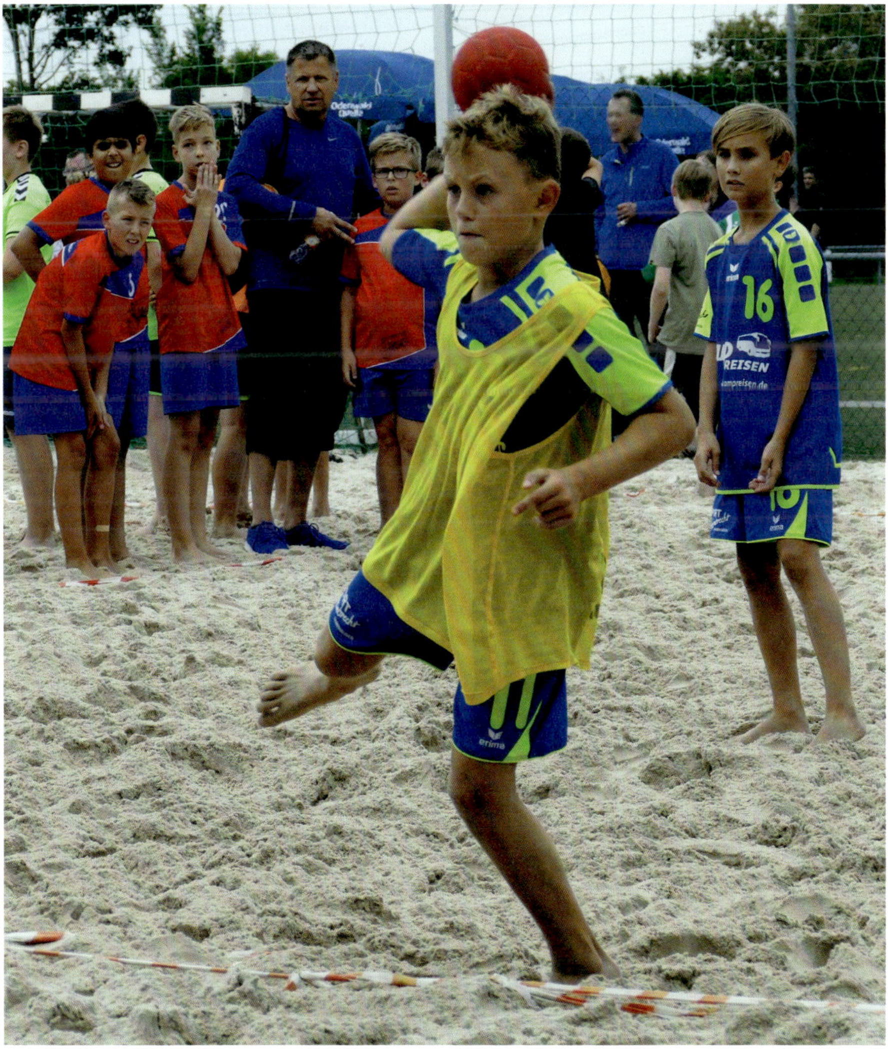

ÜBERBLICK: SPIELE UND ÜBUNGEN

Spielphasen	Bausteine	Spiele	Seite
Balltransport	Prellen, Passen, Fangen in der Bewegung	Rhythmusprellen	65
		Prellen im Stangenwald	66
		Nummernball	67
		Werfer gegen Läufer	68
		Quadrantenball	69
Überzahl herausspielen	Lauf- und Körpertäuschung	Prellfangen	70
		Scheibentreten	71
		Mattentäuschen	72
		Von der Hand zum Ball	73
Torwurf	Schlag- und Sprungwurf	Schlagwurflauf	74
		Knalltütenwettkampf	75
		Kastenklatscher	76
		Mattenkracher	77
		Wurf über Zauberschnur	78
	Wurf unter Gegnerbehinderung	Sprung durch die Schranke	79
		Bleib in der Spur	80
		Kontaktlos	81
Umschalten / Rückzug	Abwehrtäuschungen	Prellstopp	82
		Hop oder Top	83
		Gegner ärgern	84
Ball erobern / Torwurf verhindern	Bälle rausprellen und abfangen	Ran und weg	85
		Kaiserballrundlauf	86
		Abfangjäger	87
	Abwehrgrundposition einnehmen	Hände weg vom Hütchen	88
		Wer gegen wen?	89
		Mitte zu	90
Torwurf abwehren	Torwart-grundbewegung	Reaktionsball	91
		Bankkönig	92
		Schrittsprungparcours	93
		Bälle ablaufen	94

RHYTHMUSPRELLEN

BALLTRANSPORT

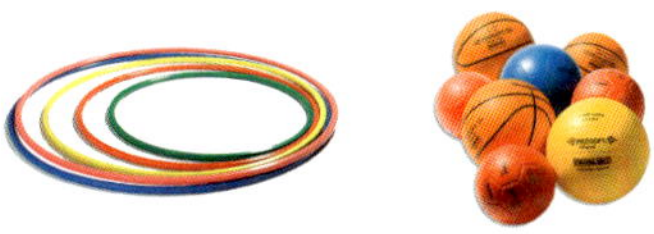

Prellen, Passen, Fangen in der Bewegung

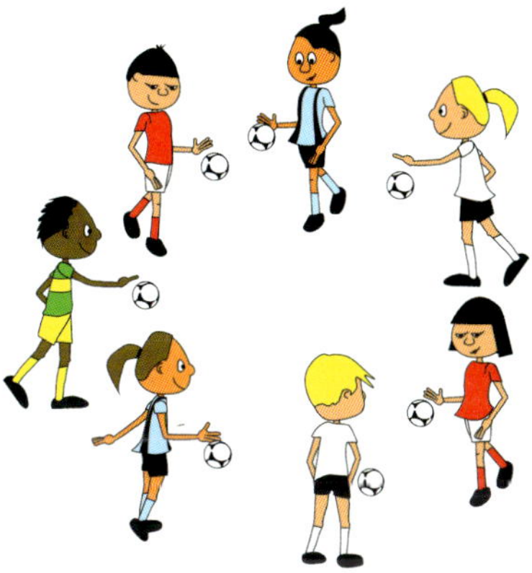

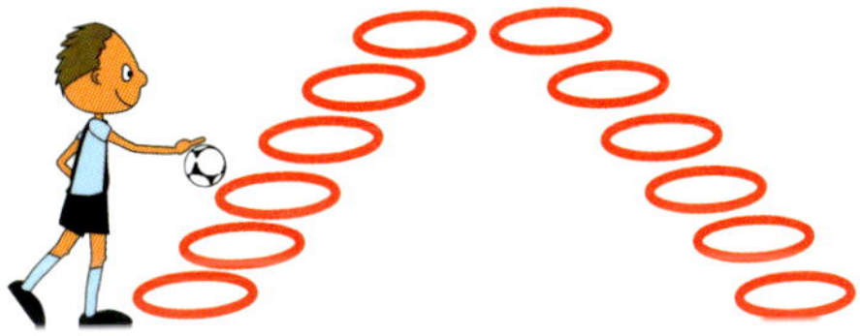

SPIELIDEE / ABLAUF

Mehrere Spieler stehen im Kreis und prellen ihren Ball so, dass alle Bälle gleichzeitig auftreffen und nur noch ein Aufprallgeräusch zu hören ist. Fortgeschrittene können abwechselnd mit rechts und links prellen. Die Rhythmusvorgabe liefert der Trainer oder ein ausgewählter Spieler.

VARIATIONEN

- Es werden Gymnastikreifen hintereinander ausgelegt. Kleingruppen stehen in einer Reihe davor. Ein Spieler nach dem anderen prellt seinen Ball wie folgt durch die Reifen:
  - Der Ball darf in jedem Reifen nur einmal den Boden berühren.
  - Der Ball muss im 1. Reifen einmal, im 2. Reifen zweimal, im 3. Reifen wieder einmal usw. den Boden berühren.
- In der Spitze erfolgt ein Handwechsel oder man prellt im Rückwärtslaufen zurück.

HINWEIS

- Der Ball darf nicht festgehalten werden.
- Die Handfläche darf nicht unter den Ball geführt werden.

PRELLEN IM STANGENWALD

BALLTRANSPORT

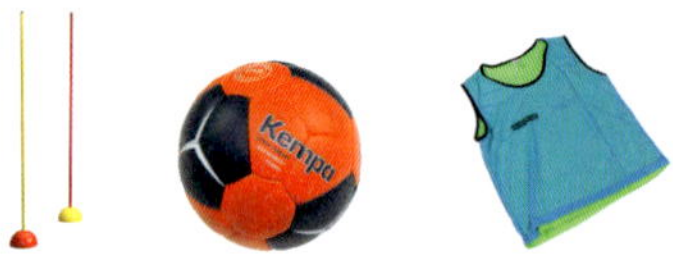

Prellen, Passen, Fangen in der Bewegung	Laufkoordination	

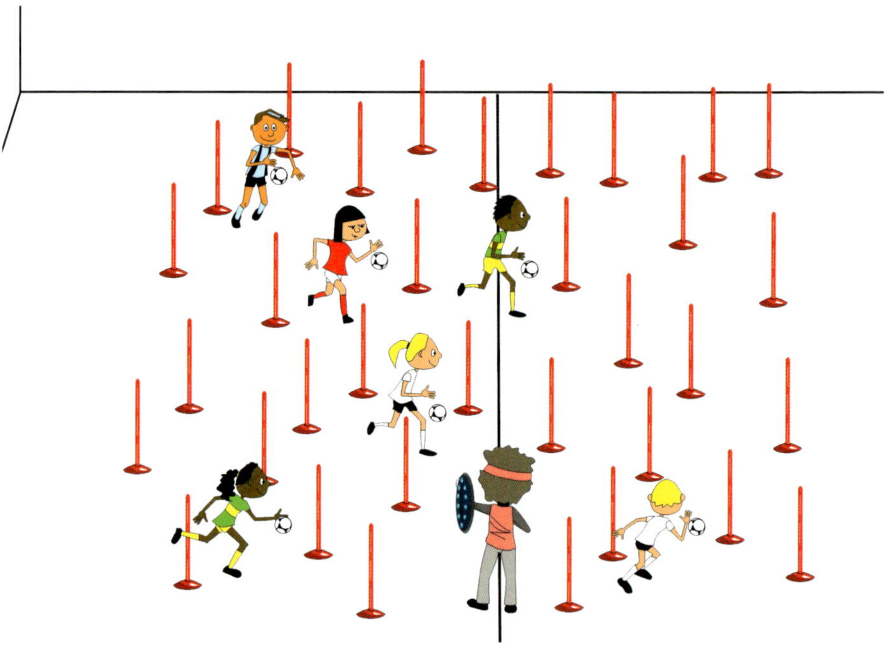

SPIELIDEE / ABLAUF

In einem Feld werden Stangen (oder Hütchen) aufgestellt. Die Kinder fangen in einer Hälfte des Spielfelds an zu prellen, ohne die Stangen zu berühren. Der Spielleiter hat verschiedenfarbige Leibchen, die er abwechselnd hochhalten kann.

Die Leibchenfarben haben folgende Bedeutung:

Gelb: Stehen bleiben

Grün: So schnell wie möglich mit der freien Hand eine Stange berühren

Blau: Wechsel in die andere Spielfeldhälfte

Rot: Rückwärts laufen

HINWEIS

- Die Bedeutung der verschiedenen Farben sollte schrittweise eingeführt werden, um die Kinder nicht zu überfordern.

NUMMERNBALL (Roth, Memmert & Schubert, 2013)

BALLTRANSPORT

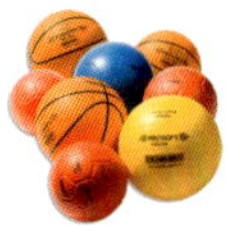

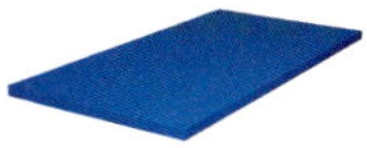

Prellen, Passen, Fangen in der Bewegung

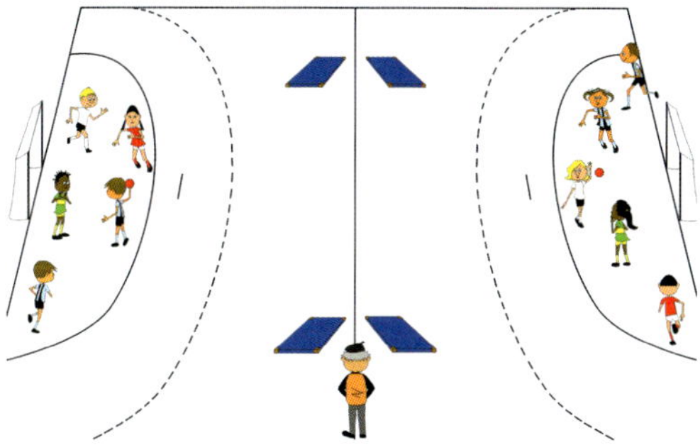

SPIELIDEE / ABLAUF

Es werden zwei Teams gebildet und durchnummeriert. Jedes Team erhält einen Ball und begibt sich in einen der beiden Torräume. Dort müssen alle Kinder in Bewegung sein und der Ball wird in der entsprechenden Reihenfolge gepasst (Nr. 1 zu 2, Nr. 2 zu 3 usw.). Jedem Team werden die beiden Matten zugeordnet, die in der eigenen Hallenhälfte liegen (s. Abb.). Der Trainer steht an der Mittellinie. Sobald der Trainer pfeift, müssen beide Teams versuchen, ihren Ball auf eine ihrer beiden Matten abzulegen. Dabei muss die Passreihenfolge nicht mehr eingehalten werden. Es darf nicht geprellt werden und der ballbesitzende Spieler darf nur einen Schritt machen. Die Mannschaft, die ihren Ball zuerst ablegt, erhält einen Punkt.

HINWEIS

- Nach dem Pfiff sollten mindestens drei Pässe gespielt werden.
- Es sollten unterschiedliche Bälle verwendet werden, um den Variabilitätsdruck zu erhöhen (Tennisbälle, Rugbybälle, Soft-Frisbees, große Softbälle ...).

VARIATIONEN

- Die Teams erhalten zwei Bälle, die in der festgelegten Reihenfolge gepasst werden müssen. Auf jeder Matte muss ein Ball abgelegt werden. Ab sieben Kindern pro Team ist das Spiel auch mit drei Bällen möglich.
- Die Kinder müssen nicht mehr auf den Pfiff, sondern auf ein optisches Signal (Hochhalten eines Leibchens) reagieren. Der Trainer kann trotzdem pfeifen, so dass die Kinder den Impuls loszurennen, unterdrücken müssen.

WERFER GEGEN LÄUFER

BALLTRANSPORT

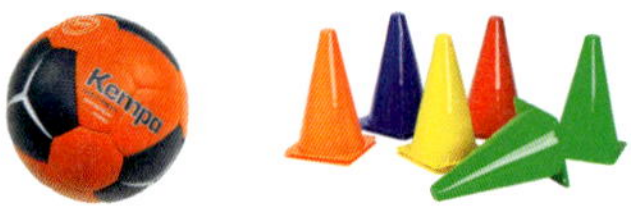

Prellen, Passen, Fangen in der Bewegung	Antrittsschnelligkeit	

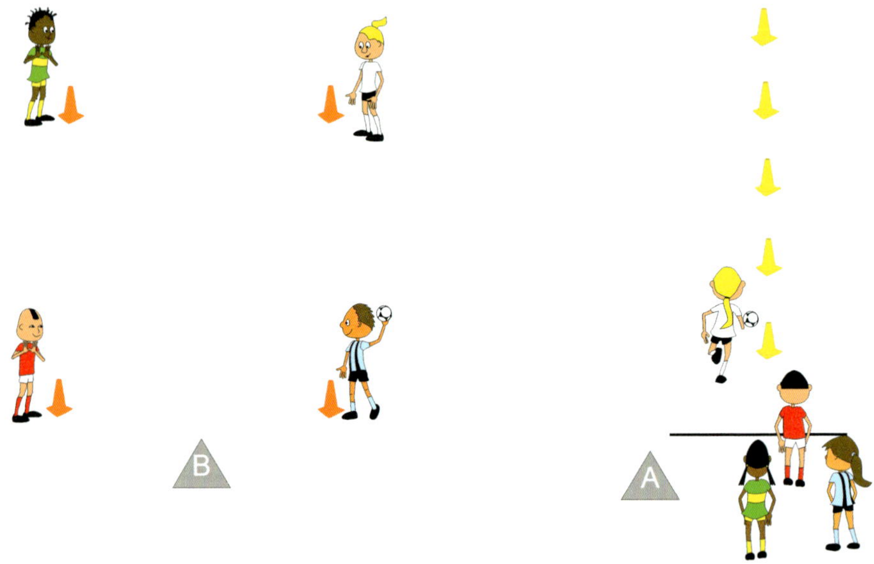

SPIELIDEE / ABLAUF

Es werden zwei Mannschaften gebildet. Team A prellt den Ball entlang einer durch Hütchen gekennzeichneten Strecke, sodass jedes Kind diese Wendestaffel einmal gelaufen ist. Danach ruft die Mannschaft laut „Stopp"! In der zur Verfügung stehenden Zeit passt Team B um ein durch Hütchen gekennzeichnetes Quadrat herum und zählt die Pässe. Anschließend findet ein Aufgabenwechsel statt, sodass der Vergleich der erzielten Pässe am Ende der beiden Durchgänge den Sieger bestimmt.

HINWEIS

- Die Pässe sollten laut mitgezählt werden.
- Geht ein Ball verloren, muss er geholt werden und vom Hütchen aus gepasst werden.

VARIATIONEN

Variationen ergeben sich durch die Aufstellung und Organisation der Pass- und Laufstrecken.

QUADRANTENBALL

BALLTRANSPORT

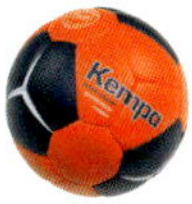

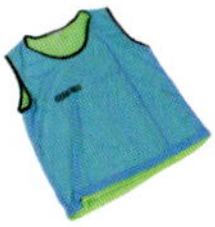

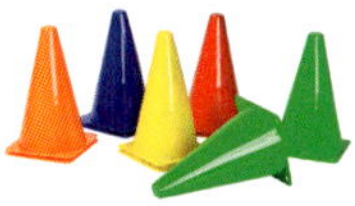

Prellen, Passen, Fangen in der Bewegung	Orientierung zum Ball und Gegenspieler	

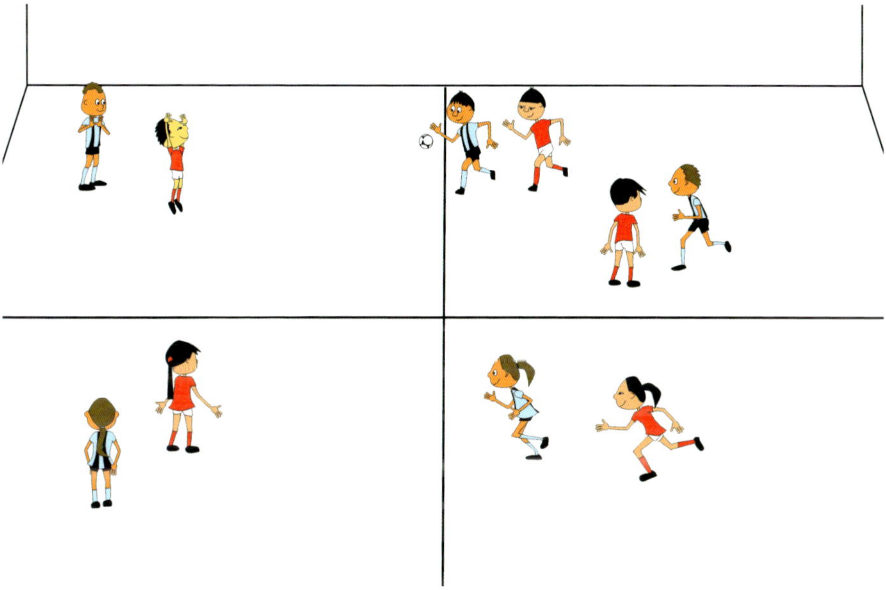

SPIELIDEE / ABLAUF

Zwei Mannschaften spielen in einem aus vier Quadraten bestehenden Spielfeld gegeneinander. Bei diesem Parteiballspiel passen sich die Spieler innerhalb ihrer Mannschaft einen Ball zu. Dabei ist der Wechsel des Ballbesitzes durch Balleroberung möglich. Ziel ist es, nach Erhalt des Balls prellend das nächste Quadrat zu erreichen, um dann den Ball weiterzuspielen. Nach zehn Pässen erhält die Mannschaft einen Punkt und das andere Team bekommt den Ball.

VARIATIONEN

- Die Passanzahl kann variiert werden.
- Die Passart wird vorgeben (z. B. nur Sprungwürfe oder nur Pässe mit der Nicht-Wurfhand).

HINWEIS

- Die Pässe erfolgen zu einem Mitspieler, der im selben oder in einem anderen Quadrat steht.

PRELLFANGEN

ÜBERZAHL HERAUSSPIELEN

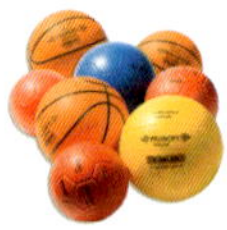

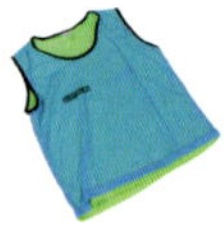

Lauf- und Körpertäuschung	Räume erkennen und nutzen	Antrittsschnelligkeit

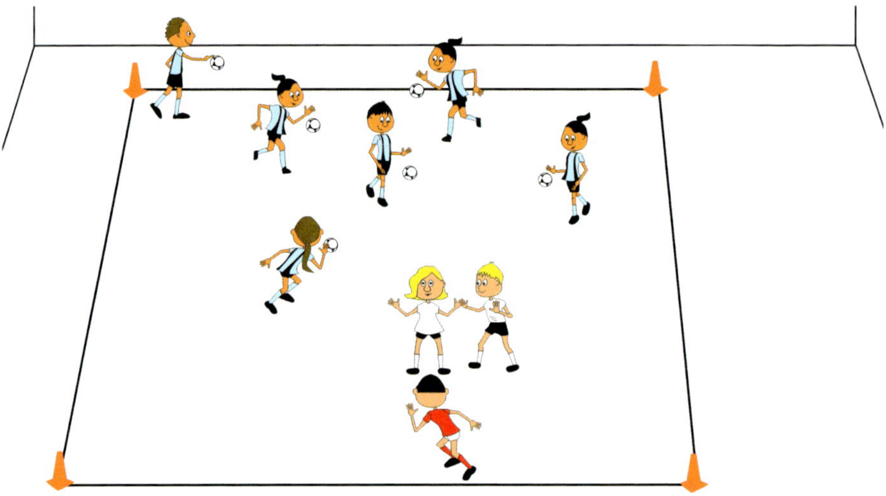

SPIELIDEE / ABLAUF

In einem mit Hütchen markierten Feld befinden sich ein Fänger und ein Abwehrteam (zwei Kinder fassen sich an der Hand) sowie alle anderen Kinder, die sich nur prellend fortbewegen dürfen. Das Abwehrteam darf dem Fänger den Weg versperren, diesen aber nicht festhalten. Der Fänger versucht, am Abwehrteam vorbei zu kommen und möglichst viele Kinder zu fangen. Wer berührt wird bleibt im Feld stehen, um weitere Hindernisse für den Fänger zu bilden (der Einsatz der Arme ist nicht erlaubt).

HINWEIS

- Die Handfassung der Abwehrspieler darf nicht aufgelöst werden.
- Das Abwehrteam wird nach jedem Durchgang gewechselt.

VARIATIONEN

Es gibt ein Fänger-Dreierteam. Der erste Fänger beginnt das Spiel. Sobald er ein Kind gefangen hat, läuft er aus dem Spielfeld und der nächste Fänger ist dran. Die Fänger wechseln nach jedem Erfolg durch. Es wird die Zeit gestoppt, die das Team benötigt, um alle Kinder zu fangen. Das nächste Dreierteam versucht, die Aufgabe schneller zu lösen.

SCHEIBENTRETEN

ÜBERZAHL HERAUSSPIELEN

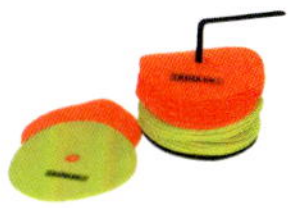

Lauf- und Körpertäuschung	Antrittsschnelligkeit	

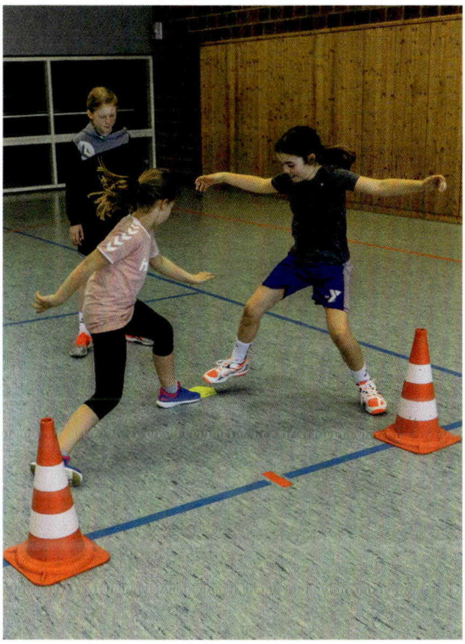

HINWEIS

- Das Hütchen des Abwehrspielers steht näher an der gedachten Verbindungslinie zwischen den Markierungsscheiben als das Hütchen des Angreifers, da der Abwehrspieler in diesem Fall nur antizipieren und reagieren kann.

SPIELIDEE / ABLAUF

Es treten immer zwei Kinder gegeneinander an. Das Spielfeld besteht aus zwei Hütchen und zwei Markierungsscheiben (s. Abb.). Der Abstand der Markierungsscheiben beträgt etwa 2 m. Ein Kind ist Angreifer (rosa T-Shirt) und das andere ist Abwehrspieler (graues T-Shirt). Ein drittes Kind übernimmt die Aufgabe des Schiedsrichters (schwarzer Pulli). Die Aufgaben wechseln nach einer vorher vereinbarten Spielzeit. Ziel des Angreifers ist es, mit dem Fuß eine Scheibe zu betreten, bevor der Abwehrspieler mit seinem Fuß die Scheibe blockiert. Schafft es der Angreifer, eine der beiden Scheiben zuerst zu berühren, gibt es einen Punkt. Der Abwehrspieler kann dies verhindern, indem sein Fuß zuerst auf der Scheibe steht. Sowohl Angreifer als auch Abwehrspieler müssen beim Wechsel auf die andere Seite hinter dem eigenen Hütchen vorbeilaufen. Es darf immer nur mit dem jeweils äußeren Fuß gepunktet werden (rechte Scheibe mit rechts, linke Scheibe mit links), um den Ausfallschritt bei einer Lauftäuschung und schnelle kurze Nachstellschritte für den Abwehrspieler zu trainieren.

VARIATIONEN

Der Schiedsrichter kann sich in die Mitte des Spielfelds stellen und von dort die Scheiben beobachten. Das macht es für den Abwehrspieler noch schwieriger, da die Sicht auf den Angreifer behindert wird.

MATTENTÄUSCHEN

ÜBERZAHL HERAUSSPIELEN

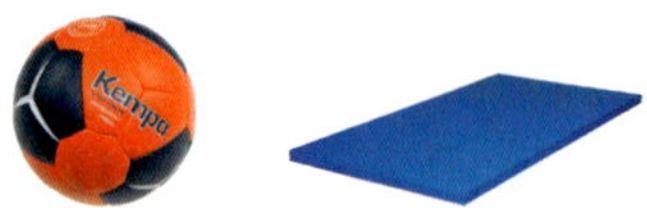

Lauf- und Körpertäuschung

SPIELIDEE / ABLAUF

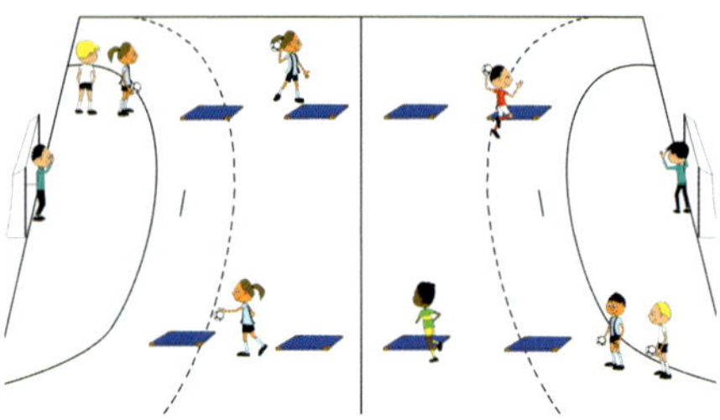

Es werden zwei Mattenbahnen ausgelegt (s. Abb.). Die Kinder werden in zwei Gruppen geteilt und stellen sich in einer Reihe am Anfang jeder Bahn auf.

Durchbruch zur Wurfhand für Rechtshänder: Das erste Kind prellt auf die linke vordere Ecke der Matte zu und nimmt den Ball mit dem Ausfallschritt nach links auf. Der Rechtsschritt wird entlang der Vorderkante der Matte gesetzt und der dritte Schritt nach vorne, rechts an der Matte vorbei entlang der Längskante.

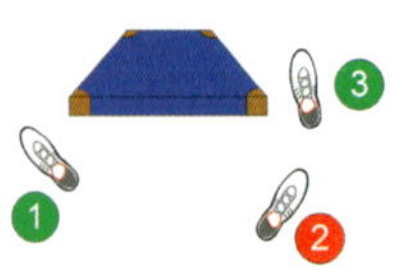

Durchbruch gegen die Wurfhand für Rechtshänder: Das Kind prellt auf die rechte vordere Ecke der Matte zu und nimmt den Ball mit dem flachen Sprung in die diagonale Schrittstellung auf (Gewicht auf beiden Füßen). Der zweite Schritt erfolgt mit rechts Richtung linke vordere Ecke der Matte (linker Fuß bleibt stehen). Der dritte Schritt wird mit links nach vorne entlang der Längsseite der Matte ausgeführt. Danach prellen die Kinder zur nächsten Matte und führen die Übung genauso aus. Nach der letzten Matte erfolgt ein Torwurf (aus der Täuschung für Fortgeschrittene, nach erneutem Prellen für Anfänger).

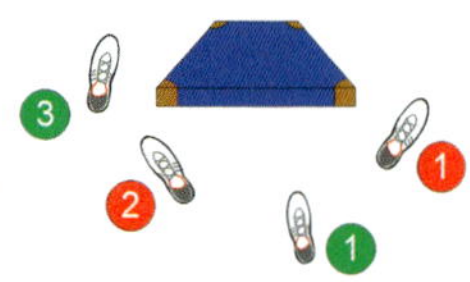

HINWEIS

- Für kleinere Kinder sollten Gymnastikmatten verwendet werden.

VARIATIONEN

- Auf jeder Matte steht ein Kind und spielt einen Doppelpass, so dass die Täuschung nach dem Rückpass erfolgt und somit ein zusätzlicher Bodenkontakt zur Verfügung steht.
- Täuschung mit Durchbruch gegen die Hand: Der Übergang vom ersten in den zweiten Schritt kann als flacher Sprung ausgeführt werden. Dabei erfolgt der Abdruck vom linken Fuß.
- Die Täuschung gegen die Hand kann als Überzieher durchgeführt werden (Fortgeschrittene).

VON DER HAND ZUM BALL

ÜBERZAHL HERAUSSPIELEN

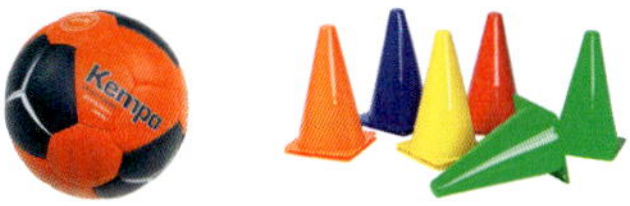

Lauf- und Körpertäuschung	Antrittsschnelligkeit	

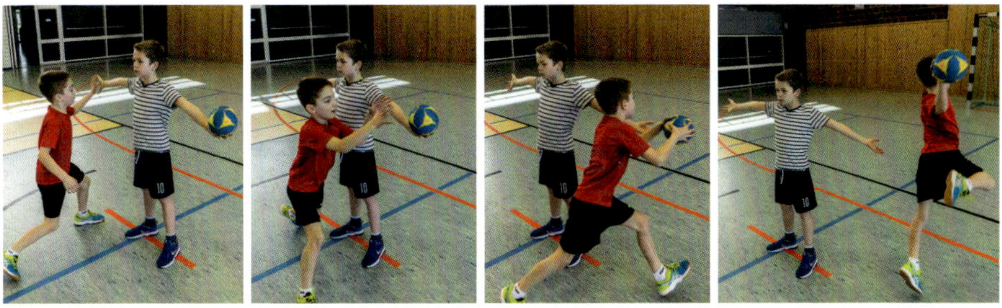

SPIELIDEE / ABLAUF

An beiden Toren steht ein Kind an der 7-m-Linie als passiver Abwehrspieler. Die anderen Kinder starten nacheinander auf der Rückraum-Mitte-Position. Sie laufen Richtung rechte ausgestreckte Hand des Abwehrspielers und klatschen diese mit ihrer linken Hand ab, wobei das linke Bein vorne steht. Dann erfolgt eine explosive Seitwärtsbewegung mit einem Rechtsschritt. Mit dem dritten Schritt Richtung Tor nimmt der Angreifer den Ball, der auf der ausgestreckten linken Hand des Abwehrspielers liegt und wirft im Sprungwurf aufs Tor. Zunächst wird die Täuschung mit Durchbruch zur Wurfhand durchgeführt, da die Schrittfolge einfacher ist. Danach wird die Täuschung mit Durchbruch gegen die Wurfhand eingeführt. Schrittfolge siehe Beschreibung bei der Übung „Mattentäuschen" (S. 72).

VARIATIONEN

Für Fortgeschrittene kann die Täuschung gegen die Wurfhand auch mit einem Überzieher erfolgen. Der Ball liegt dabei in der linken Hand des Abwehrspielers und wird mit dem Täuschungsschritt gegriffen (evtl. Streethandball verwenden).

HINWEIS

- Die rechte Hand des Abwehrspielers etwas weiter vor dem Körper halten, damit die Täuschung nicht zu dicht vor dem Abwehrspieler erfolgt.
- Durch das Abklatschen, müssen die Spieler kurz in der Täuschbewegung verharren und auch den Blick in Richtung der Täuschung lenken.
- Wichtig ist, dass die Umkehrbewegung schnellkräftig erfolgt.
- Bei großen Gruppen können zusätzliche Bewegungsaufgaben gestellt werden bevor sich das Kind am anderen Tor anstellt.

SCHLAGWURFLAUF

TORWURF

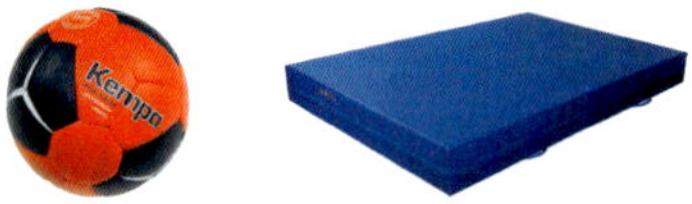

Schlag- und Sprungwurf

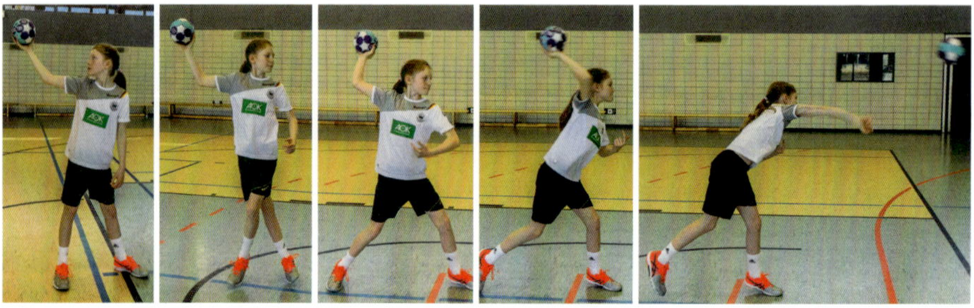

SPIELIDEE / ABLAUF

Rechts und links neben die Tore werden Weichbodenmatten gestellt, so dass in beiden Hallenhälften je drei Tore / Ziele stehen. Die Kinder verteilen sich gleichmäßig in einem Abstand von ca. 14 m auf die Ziele, um nacheinander werfen zu können. Jedes Kind steht zunächst in der Wurfauslage und kontrolliert diese vor Beginn der Bewegung selber. Dann beginnt das Kind, sich im Sidestep Richtung Ziel zu bewegen. Der Abwurf soll 6–7 m vor dem Ziel erfolgen. Kurz vorher macht das Kind einen Überkreuzschritt hinten, dann einen kürzeren Rechtsschritt, um anschließend mit dem nächsten Schritt den Stemmschritt (Fußspitze zeigt Richtung Ziel) auszuführen. Das Setzen des Stemmbeins initiiert die Wurfbewegung. In den nächsten Durchgängen erfolgt der Überkreuzschritt vorne. Danach sollen die Kinder aus dem Prellen werfen (Ballaufnahme für Rechtshänder mit dem Linksschritt). Abschließend werfen sie nach einem Pass, den sie von der Wurfhandseite erhalten.

HINWEIS

- Ziel der Übung ist die bewusste Kontrolle der Wurfauslage und ein Erzwingen der Rotation im Oberkörper durch den Überkreuzschritt hinterm Körper. Der Pass von der Wurfhandseite erleichtert ebenfalls das Zurücknehmen der Wurfarmschulter, da der Weg kürzer ist als beim Pass von der Wurfarmgegenseite.
- Viele Tore aufbauen, um hohe Wiederholungszahlen zu ermöglichen.

VARIATIONEN

Anstelle der Weichbodenmatten können andere Ziele verwendet werden, die nicht höher als ein Handballtor sein sollten (Stangentore, Turnmatten, Kästen, Markierungen an der Wand ...).

KNALLTÜTENWETTKAMPF

TORWURF

DIN-4A-Papier

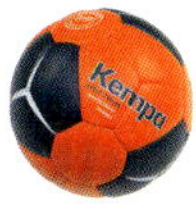

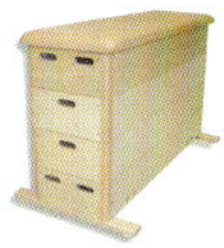

Schlag- und Sprungwurf

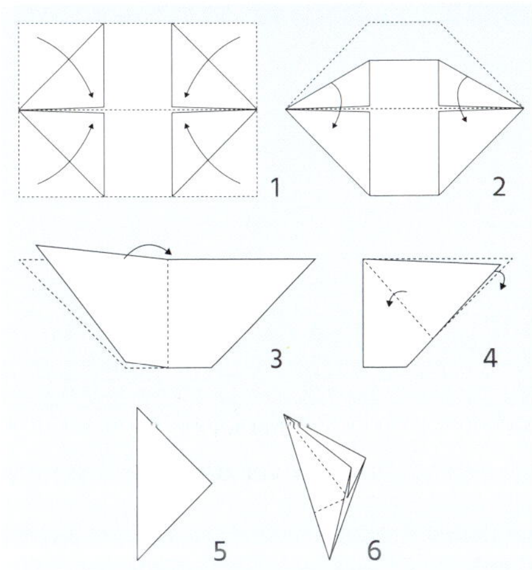

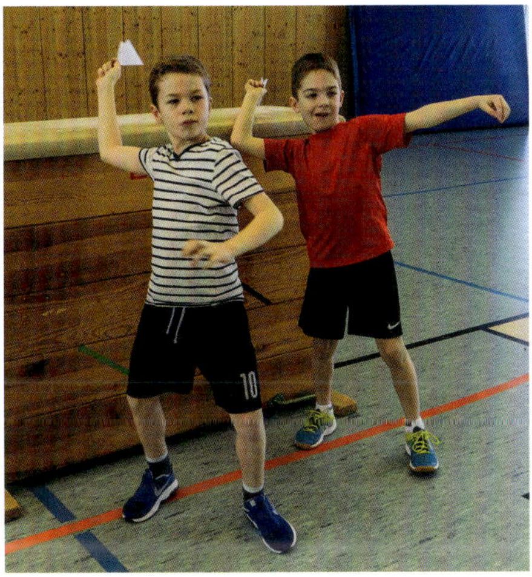

SPIELIDEE / ABLAUF

Jedes Kind bastelt aus einem DIN-A4-Papier eine Knalltüte nach Anleitung. Danach probieren alle Kinder aus, die Knalltüte möglichst laut zum Knallen zu bringen. Je besser der peitschenartige Armzug, desto lauter der Knall. Zunächst wird getestet, welches Kind aus dem Stand mit einer Schlagwurfbewegung der Wurfhand den lautesten Knall erzeugen kann. Die optimale Wurfbewegung kann unterstützt werden, indem die Kinder die Wurfhand erst auf einen großen Kasten (über Schulterhöhe) legen und aus dieser Position die Wurfbewegung starten.

VARIATIONEN

Jedes Kind darf eine neue Wurfvariante vorschlagen (Würfe mit der Nicht-Wurfhand, Sprungwürfe, Hüftwürfe ...).

HINWEIS

- Die Knalltüte wird an der unteren Ecke (siehe Bild 6) gehalten, so dass die eingefaltete Ecke bei der Wurfbewegung ausklappt.
- Die Übung kann als Vorbereitung auf anschließende Würfe mit dem Ball durchgeführt werden. Stellt man die großen Kästen an die Freiwurflinie vor das Tor, können aus der oben beschriebenen Ausgangsposition Würfe auf das Tor erfolgen.

KASTENKLATSCHER

TORWURF

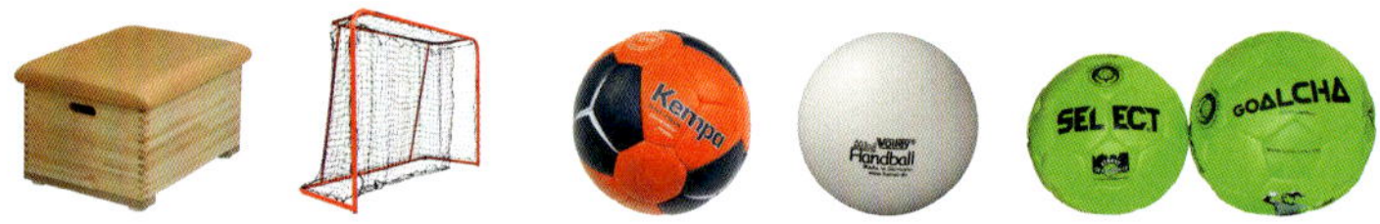

Schlag- und Sprungwurf

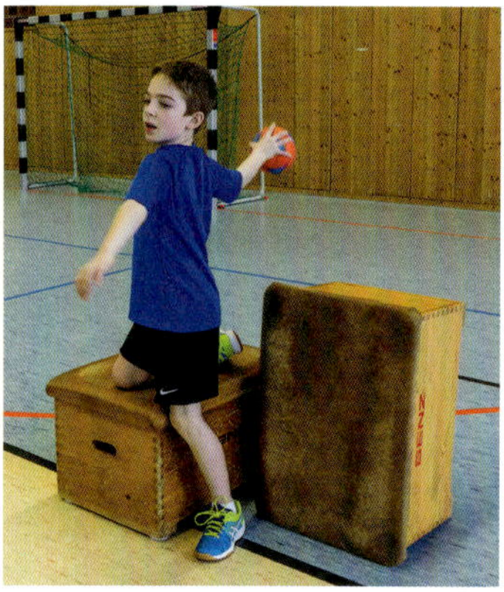

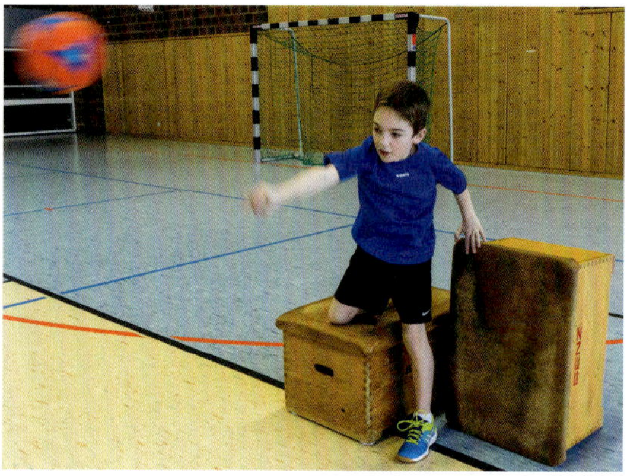

SPIELIDEE / ABLAUF

Beschreibung für Rechtshänder: Die Kinder stehen auf ihrem linken Bein und legen das rechte Knie auf einem kleinen Kasten (oder für kleinere Kinder auf einer Bank) ab. Direkt hinter dem linken Bein steht ein weiterer kleiner Kasten (siehe Foto). In 5–6 m Entfernung befindet sich als Wurfziel ein kleines Tor oder eine Bank mit Hütchen. Das Kind beginnt in der Wurfauslage, die von ihm selbst oder vom Trainer kontrolliert wird. Das rechte Bein ist dabei leicht nach außen abgewinkelt. Aus der Wurfauslage werfen die Kinder auf das Tor oder die Hütchen. Sie können selbst überprüfen, ob sie nach dem Wurf den hinteren Kasten mit der linken Hand berührt und somit eine gute Oberkörperrotation ausgeführt haben.

HINWEIS

- Die Kinder können in Zweiergruppen an mehreren Stationen üben.
- Um die Wurfauslage zu kontrollieren, kann der Trainer oder Partner den Ball in der richtigen Position anreichen.
- Darauf achten, dass die Peitschbewegung im Wurfarm durchgeführt wird und nicht ausschließlich aus der Rotation geworfen wird.

VARIATIONEN

Die Kinder sollten die Würfe auch mit der Nichtwurfhand durchführen, damit später Pässe mit der taktisch richtigen Hand leichter fallen.

MATTENKRACHER

TORWURF

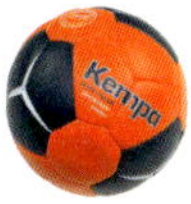

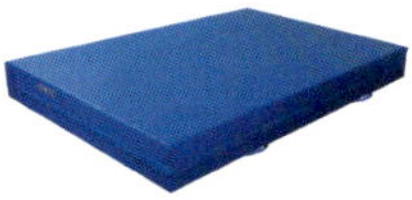

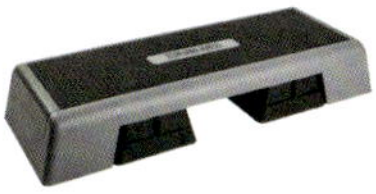

Schlag- und Sprungwurf

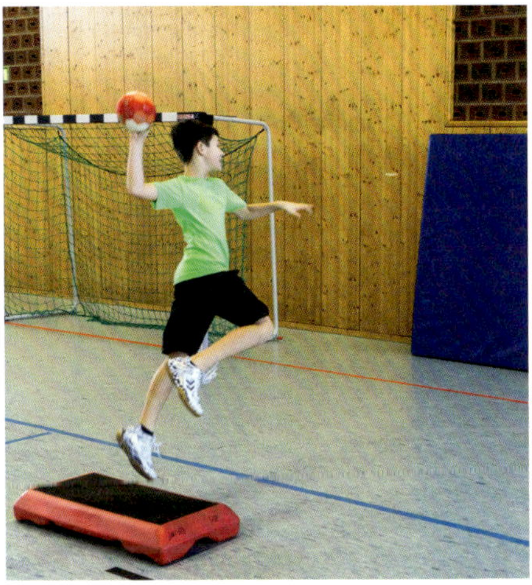

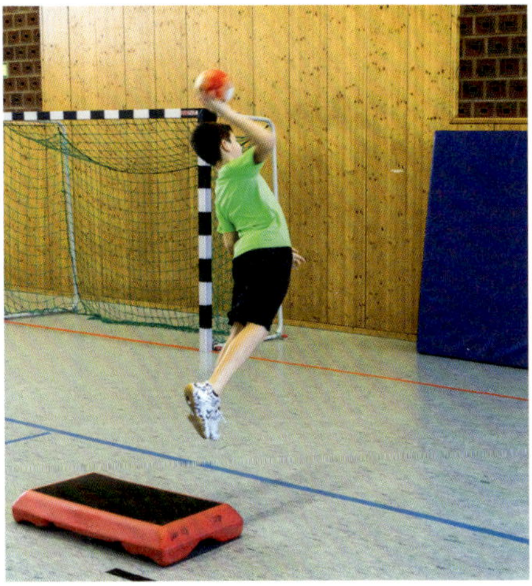

SPIELIDEE / ABLAUF

Ein Stepper steht etwa 4–5 m vor einer Weichbodenmatte (möglichst viele solcher Stationen aufbauen). Die Kinder stehen in der Wurfauslage vor dem Stepper. Aus dem Schritt mit dem Absprungbein auf den Stepper erfolgt der Absprung und der Wurf auf eine Weichbodenmatte.

Im nächsten Schritt führen die Kinder den Ball erst mit dem Schritt auf den Stepper in die Wurfauslage zurück und werfen dann aus dem Sprung auf die Matte. Fortgeschrittene Kinder können nach drei Schritten abspringen und werfen oder vorher prellen und dann die drei Schritte so ausführen, dass der letzte Schritt auf den Stepper gesetzt wird (koordinativ sehr anspruchsvoll).

Je besser die Wurfbewegung, desto lauter ist der Aufprall des Balls auf der Matte (Mattenkracher).

VARIATIONEN

Würfe auf flache Ziele, z. B. Hütchen.

HINWEIS

- Anstelle der Weichbodenmatten können Turnmatten verwendet werden.
- Der Sprung vom Stepper verlängert die Flugphase und erleichtert somit das Einnehmen der Wurfauslage.

WURF ÜBER DIE ZAUBERSCHNUR

TORWURF

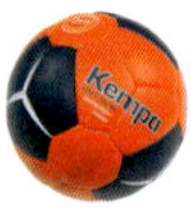

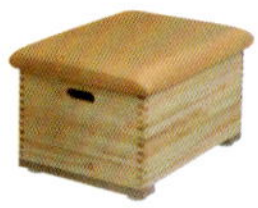

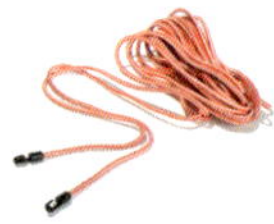

Schlag- und Sprungwurf

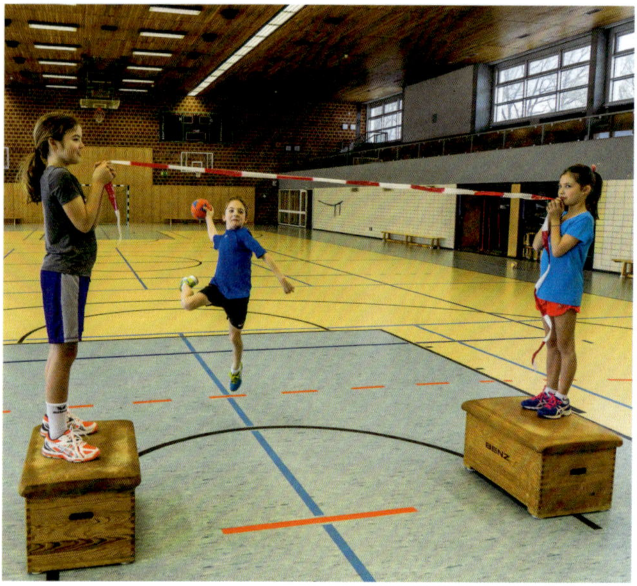

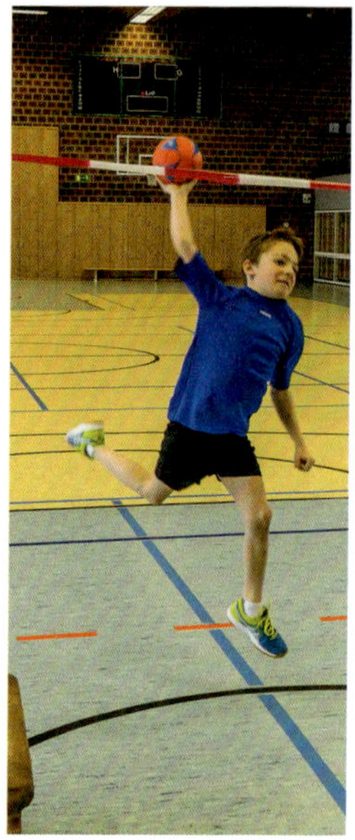

HINWEIS

- Die Höhe wird für jedes Kind so angepasst, dass der Abwurf über Kopfhöhe erfolgen muss.
- Die Kinder dürfen nicht zu dicht vor der Zauberschnur oder dem Baustellenband abspringen, da sie sonst in Rücklage geraten.

SPIELIDEE / ABLAUF

Auf Höhe der 7-m-Linie werden im Abstand von ca. 3 m zwei kleine Kästen aufgestellt. Auf den Kästen stehen zwei Kinder, die eine Zauberschnur oder ein Baustellenband halten. Der erste Werfer startet von der Rückraum-Mitte-Position und führt nach drei Schritten einen Sprungwurf aus, wobei der Ball über die Zauberschnur aufs Tor geworfen wird.

VARIATIONEN

Der Wurf erfolgt nach dem Pass von der Wurfarmseite.

SPRUNG DURCH DIE SCHRANKE

TORWURF

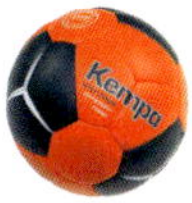 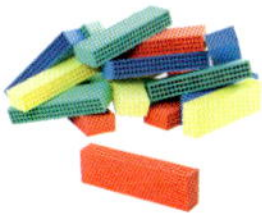

Wurf unter Gegnerbehinderung	Schlag- und Sprungwurf	Lauf- und Körpertäuschung

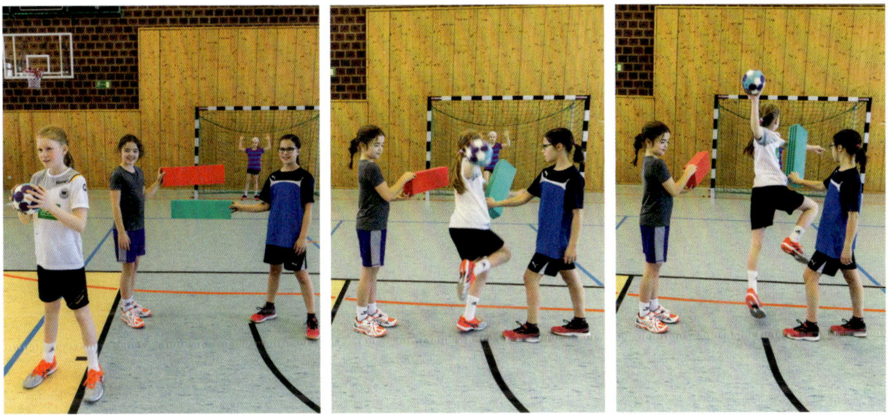

SPIELIDEE / ABLAUF

Zwei Spieler halten auf Oberkörperhöhe je einen Schaumstoffbalken oder eine Poolnudel und versperren damit die Lücke zwischen ihnen. Ein Angriffsspieler steht mit dem Rücken zu einem Abwehrspieler (siehe Foto). Der Angreifer bekommt den Ball zugepasst, dreht sich im beidbeinigen Sprung um 180°, macht einen Schritt mit rechts zur Seite, springt mit dem zweiten Schritt durch die Schranke und wirft im Sprungwurf auf das Tor.

HINWEIS

- Die Abwehrspieler sollen die Schranke nicht aktiv öffnen, sondern nur bei Kontakt nachgeben.

VARIATIONEN

- Es werden zwei Schranken nebeneinander gebildet (mit drei Kindern). Mit dem Pass zum Angreifer, der vor dem mittleren Abwehrspieler steht, schließt einer der beiden äußeren Abwehrspieler die Lücke mit dem Körper. Der Angreifer muss durch die Schranke vor der freien Lücke springen.
- Der Angreifer macht zuerst an einem Airbody oder aufrechtstehenden Kastenoberteil eine Körpertäuschung und springt danach direkt durch die Schranke.

BLEIB IN DER SPUR

TORWURF

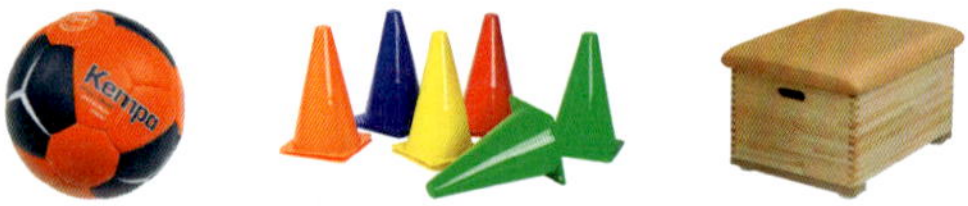

Wurf unter Gegnerbehinderung	Antrittsschnelligkeit	Orientierung zum Ball und Gegenspieler

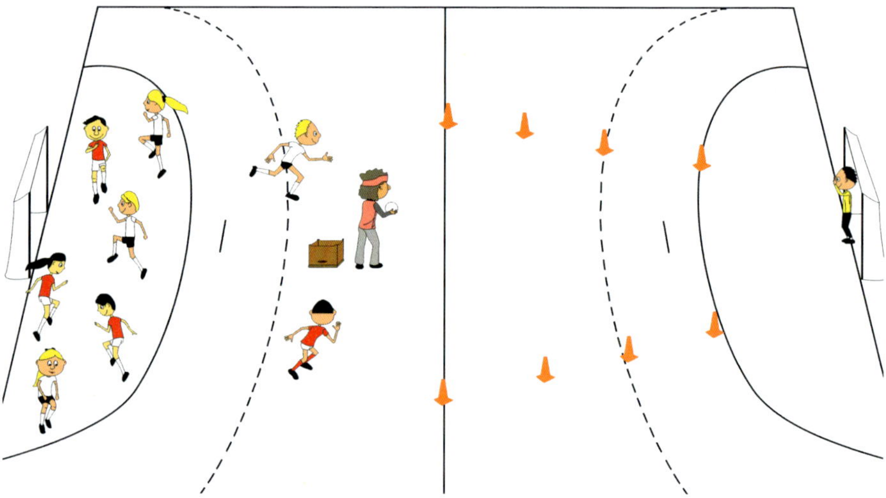

SPIELIDEE / ABLAUF

Es werden zwei gleich große Teams gebildet. Innerhalb jedes Teams werden die Spieler durchnummeriert. Alle Kinder bewegen sich innerhalb eines Torraums und führen verschiedene Fortbewegungsarten nach Vorgabe des Trainers aus. Nach Aufruf einer Zahl sprinten die beiden genannten Kinder Richtung Mittellinie. Der Trainer steht an der Mittellinie und bringt einen Ball ins Spiel. Der Ballhalter wird zum Angreifer und das andere Kind zum Abwehrspieler. Innerhalb eines Sektors versucht der Ballhalter zum Torwurf zu kommen.

HINWEIS

- Der schmale Sektor provoziert ein Werfen unter Körperkontakt. Der Trainer sollte aber darauf achten, dass der Abwehrspieler fair spielt und sollte ein Schubsen, Stoßen oder Halten sofort unterbinden.

VARIATIONEN

Der Wurfsektor kann auf verschiedenen Angriffspositionen markiert werden.

KONTAKTLOS

TORWURF

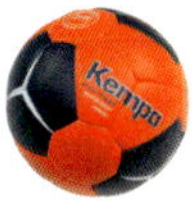

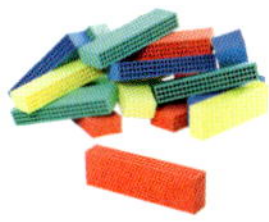

Wurf unter Gegnerbehinderung	Antrittsschnelligkeit	

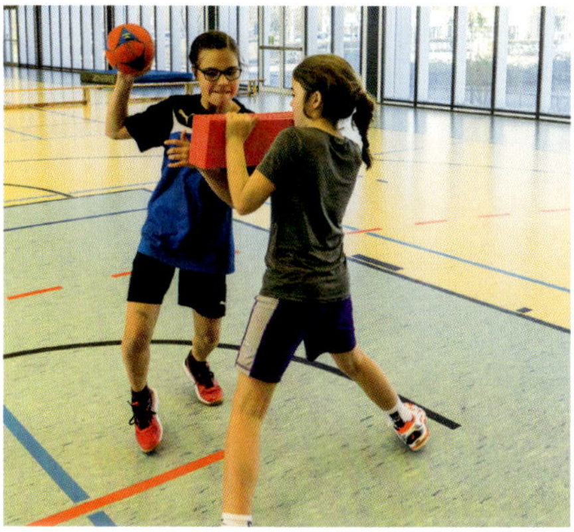
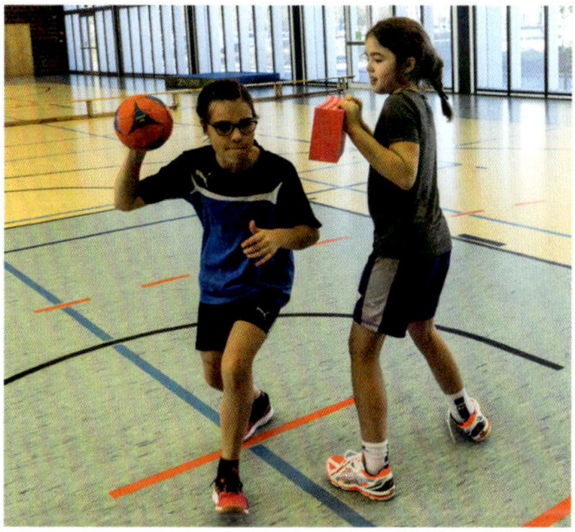

SPIELIDEE / ABLAUF

Der Angreifer hält einen Ball in beiden Händen vor dem Körper und steht anfangs auf der Linksaußenposition. Der Abwehrspieler befindet sich zwischen Angreifer und Tor und hält einen Schaumstoffbalken mit angewinkelten Armen vor sich auf Brusthöhe des Angreifers. Der Abwehrspieler nimmt mit dem Schaumstoffbalken Kontakt zum Angreifer auf und versucht, ihn vom Tor fern zu halten. Der Angreifer hält dagegen und bewegt sich im Sidestep etwa 7 m vor dem Tor Richtung Spielfeldmitte. Der Abwehrspieler entscheidet irgendwann stehen zu bleiben. Daraufhin versucht der Angreifer, so schnell wie möglich den kürzesten Weg zum Tor zu finden, um mit einem Sprungwurf abzuschließen.

VARIATIONEN

- Es sollte auch von der Rechtsaußenposition begonnen werden.
- Fortgeschrittene Kinder halten den Ball als Angreifer nicht in beiden Händen, sondern in ihrer Wurfhand, so dass der Abwehrspieler ihn nicht erreichen kann.

HINWEIS

- Die Kinder sollen spüren, wann und wo der Weg zum Tor frei wird.
- Die Kinder bewegen sich auf einer Höhe (ca. 7 m vor dem Tor), ohne dass der Abwehrspieler den Angreifer noch weiter vom Tor abdrängt.
- Es ist darauf zu achten, dass mit den Armen nicht gestoßen wird.

PRELLSTOPP

UMSCHALTEN / RÜCKZUG

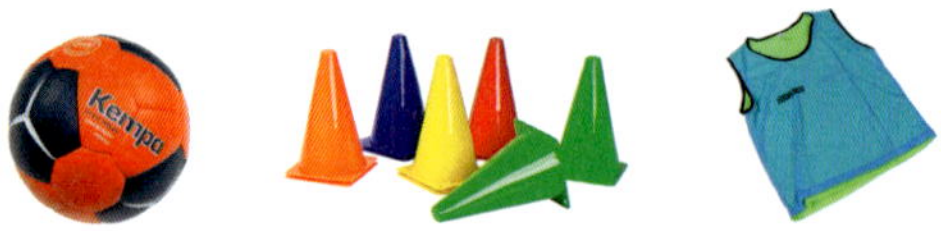

Abwehrtäuschungen	Orientierung zum Ball und Gegenspieler	Passwege erkennen

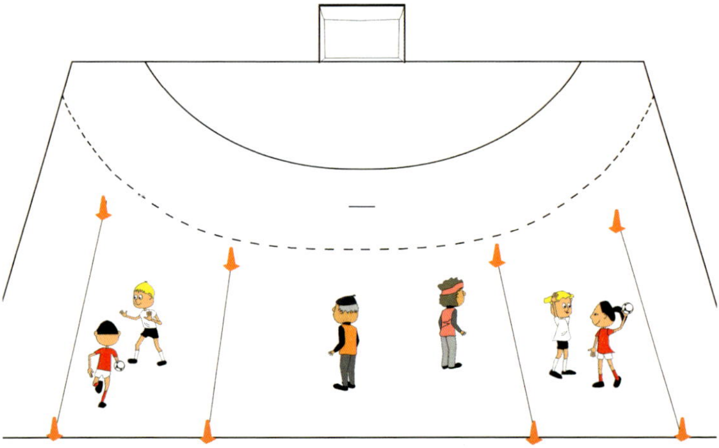

SPIELIDEE / ABLAUF

In einem schmalen Spielsektor (ca. 3–4 m) zwischen Mittellinie und einer Linie, die sich 10 m vor dem eigenen Tor befindet, spielt ein Angreifer gegen einen Abwehrspieler. Der Angreifer hat die Aufgabe, am Abwehrspieler vorbei Richtung Tor zu prellen. Der Abwehrspieler muss versuchen, den Angreifer so früh wie möglich zu stoppen, indem er ihm den Ball rausprellt oder den Angreifer dazu zwingt, den Ball aufzunehmen.

HINWEIS

- Die Kinder sollten mit schnellen Nachstellschritten arbeiten und den Angreifer aktiv unter Druck setzen.

Dabei darf der Abwehrspieler mit einer Hand Kontakt zum ballführenden Spieler aufnehmen, diesen aber nicht festmachen. Der Abwehrspieler erhält zwei Punkte, wenn er den Ball rausprellt. Muss der Angreifer den Ball aufnehmen, erhält der Abwehrspieler einen Punkt. Der Angreifer darf dann den neben dem Spielsektor stehenden Trainer anspielen. Kann der Abwehrspieler diesen Pass abfangen oder die 3-Sekunden-Regel wird überschritten, erhält der Abwehrspieler einen weiteren Punkt. Der Angreifer erhält zwei Punkte, wenn er am Abwehrspieler vorbei prellen kann. Muss er den Ball aufnehmen, kann aber einen sicheren Pass spielen (nicht über Kopfhöhe), erhält er einen Punkt.

HOP ODER TOP

UMSCHALTEN / RÜCKZUG

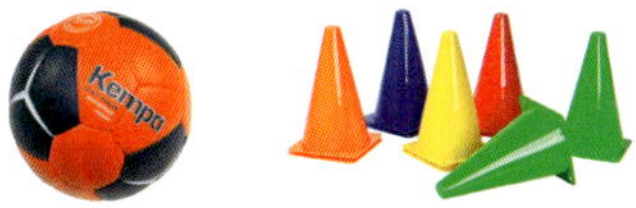

Abwehrtäuschungen

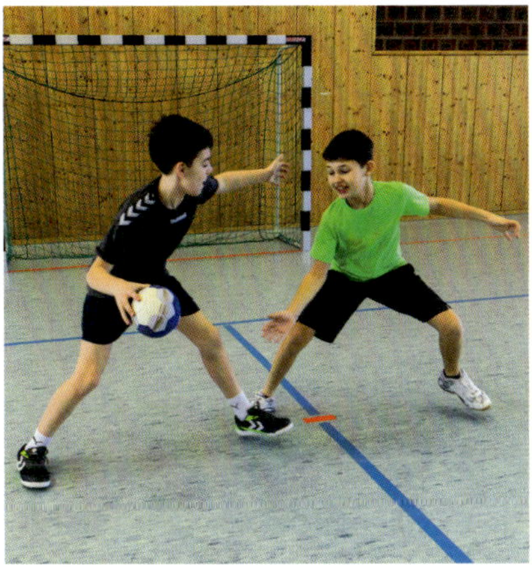

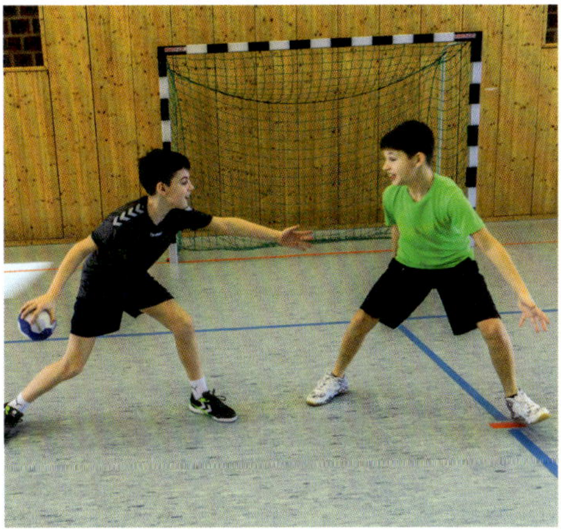

SPIELIDEE / ABLAUF

Zwei Kinder stehen sich frontal mit ca. 1–2 m Abstand gegenüber. Partner A fängt an zu prellen. Partner B versucht, den Ball rauszuprellen und bekommt bei Erfolg einen Punkt. Partner A darf den Ball jederzeit mit einer oder beiden Händen aufnehmen und darf jetzt aus dem Stand versuchen, Partner B mit der freien Hand oder dem Ball an der Schulter abzuschlagen. Gelingt dies, erhält Partner A einen Punkt.

VARIATIONEN

Wird die Übung mit einem Basketball durchgeführt, erleichtert es das Rausprellen, aber auch das einhändige Aufnehmen des Balls, indem der Ball zwischen Hand und Körper eingeklemmt wird.

HINWEIS

- Das prellende Kind versucht, den Partner zu locken und dann schnell zu agieren. Das Kind ohne Ballbesitz darf antäuschen und sich dann schnell zurückziehen.
- Ziel der Übung ist es, einen Angreifer in ca. 9–11 m Torentfernung zur Ballaufnahme zu zwingen und sich dann schnell zurückzuziehen, um zu verhindern, mit drei Schritten überlaufen zu werden. Der Angreifer wird somit in sicherer Entfernung vor dem Tor gestoppt und ist nicht mehr torgefährlich.

GEGNER ÄRGERN

UMSCHALTEN / RÜCKZUG

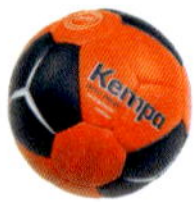

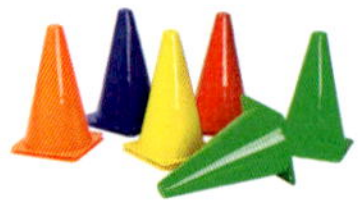

Abwehrtäuschungen	Bälle rausprellen und abfangen	Raum kooperativ überbrücken

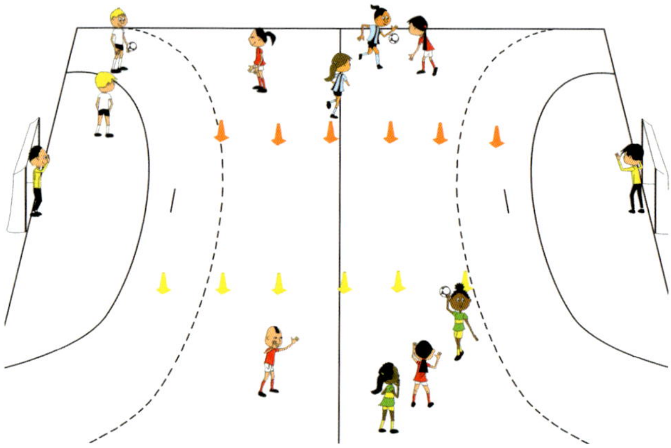

SPIELIDEE / ABLAUF

Es werden zwei Spielstreifen markiert (jeweils zwischen den Hütchen und der Seitenauslinie). In jedem Spielstreifen gibt es zwei Abwehrspieler. Der erste Abwehrspieler darf ab der Freiwurflinie bis zur Mittellinie verteidigen, der andere ab der Mittellinie bis zum eigenen Torraum. Es starten immer zwei Angreifer an der Freiwurflinie mit dem Ziel, ohne Ballverlust durch den Spielstreifen zu kommen und abschließend ein Tor zu erzielen. Der Ball darf nur zweimal geprellt werden bevor er wieder gepasst werden muss. Die Abwehrspieler versuchen, mithilfe von Täuschungen den Gegner zu Fehlern zu zwingen. Es gibt eine Gesamtpunktwertung für alle Angreifer und alle Abwehrspieler. Die Angreifer erhalten einen Punkt für jedes regelgerecht erzielte Tor. Die Abwehrspieler erhalten immer dann einen Punkt, wenn ein Angreiferpaar nicht zum regelgerechten Torabschluss kommt.

HINWEIS

- Die Abwehrspieler sollen kein Foulspiel begehen, sondern aktiv versuchen, die Angreifer unter Druck zu setzen und zu schlechten Pässen zu zwingen, indem prellende Bälle angegriffen werden und nach Ballaufnahme des Gegners der Passweg schnell zugestellt wird.

VARIATIONEN

Das Prellen kann ganz verboten und komplett erlaubt werden (je nach Könnensstand).

RAN UND WEG

BALL EROBERN / TORWURF VERHINDERN

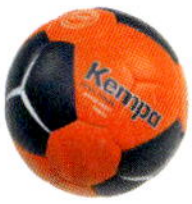

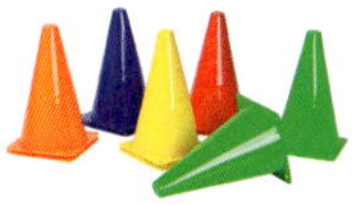

Bälle rausprellen und abfangen	Passwege erkennen	Räume eng machen

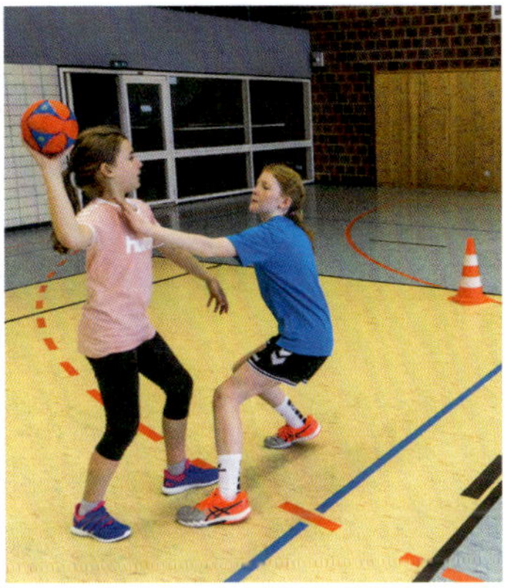

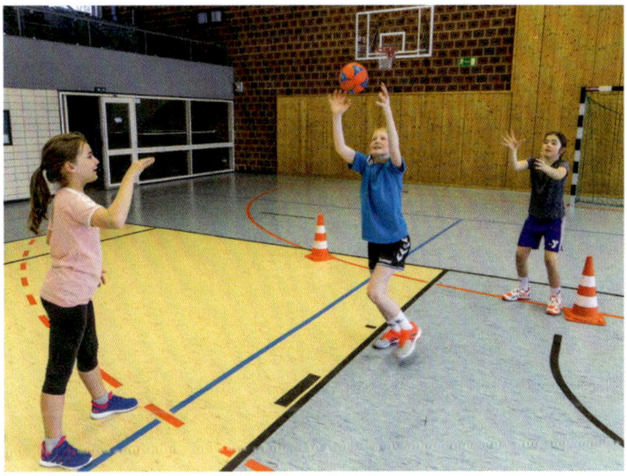

SPIELIDEE / ABLAUF

Die Übung wird in Dreiergruppen durchgeführt. Ein Angreifer steht mit Ball an der Freiwurflinie. Ein Kreisspieler steht am Torraum und darf sich zwischen zwei Hütchen (Abstand ca. 2 m) bewegen. Ein Abwehrspieler steht zwischen 6 und 9 m. Die Aufgabe des Abwehrspielers besteht darin, den Angreifer an Schulter oder Brust zu berühren. Daraufhin spielt der Angreifer einen schnellen Pass zum Kreisspieler. Der Abwehrspieler versucht, diesen Pass abzufangen.

VARIATIONEN

Der Angreifer bewegt sich prellend außerhalb der Freiwurflinie. Irgendwann spielt er einen beidhändigen Bodenpass zum Kreisspieler, den der Abwehrspieler abfangen soll. Auch bei dieser Variante sollte der Abwehrspieler aktiv sein und versuchen, den Angreifer zur Ballaufnahme zu zwingen. Sobald der Angreifer den Ball aufnimmt, darf sich der Abwehrspieler hinter die Freiwurflinie sinken lassen.

HINWEIS

- Der Abwehrspieler darf das Berühren antäuschen, damit sich der Angreifer nicht zu früh auf das Spielen des Passes einstellen kann.
- Es sollte darauf geachtet werden, dass der Abwehrspieler mit schnellen Nachstellschritten arbeitet und sich nach der Berührung zum Kreisspieler sinken lässt.

KAISERBALLRUNDLAUF

BALL EROBERN / TORWURF VERHINDERN

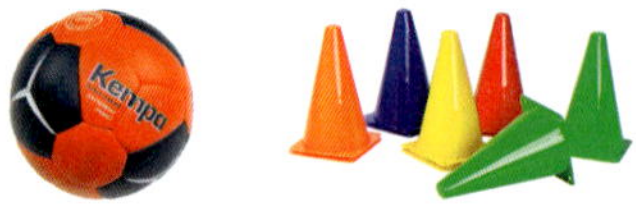

Bälle rausprellen und abfangen

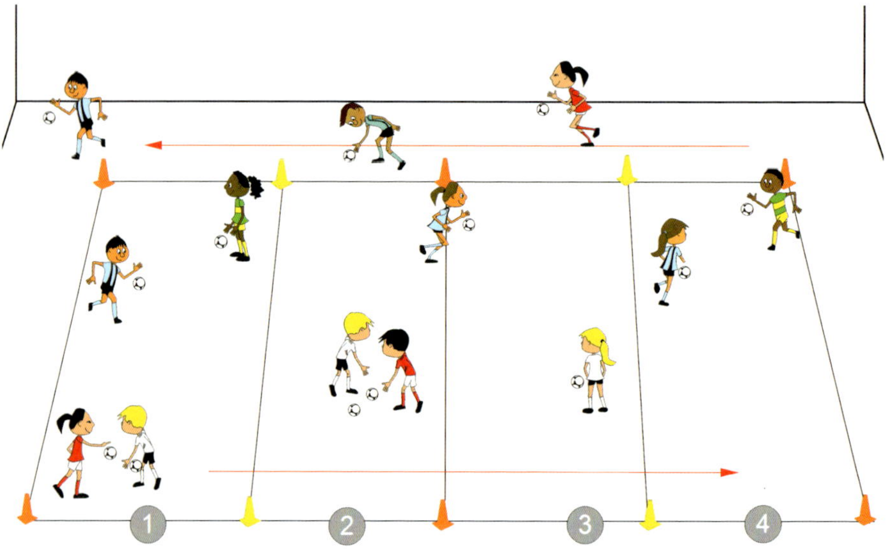

SPIELIDEE / ABLAUF

Jedes Kind hat einen Ball und befindet sich zu Beginn des Spiels in Feld Nummer 1. Die Aufgabe besteht darin, den eigenen Ball zu schützen (ohne ihn festzuhalten) und gleichzeitig den anderen Kindern den Ball heraus zu prellen. Schafft es ein Kind, den Ball eines anderen Kindes heraus zu prellen ohne die Kontrolle über den eigenen Ball zu verlieren, darf es in Feld 2 aufrücken. Gelingt es ihm bis Feld Nummer 4 aufzurücken und dort einem Kind den Ball abzunehmen, erhält der betreffende Spieler einen Punkt und darf erneut in Feld 1 beginnen. Das Kind mit den meisten Punkten gewinnt das Spiel.

HINWEIS

- Befindet sich ein Kind alleine in einem Feld, bewegt es sich dort prellend bis ein weiteres Kind zu ihm aufrückt.

VARIATIONEN

Vernachlässigen die Kinder zu sehr ihren eigenen Ball, sollte eine Variation gespielt werden, in der bei Kontrollverlust des eigenen Balls ein Abstieg ins vorherige Feld erfolgt.

ABFANGJÄGER

BALL EROBERN / TORWURF VERHINDERN

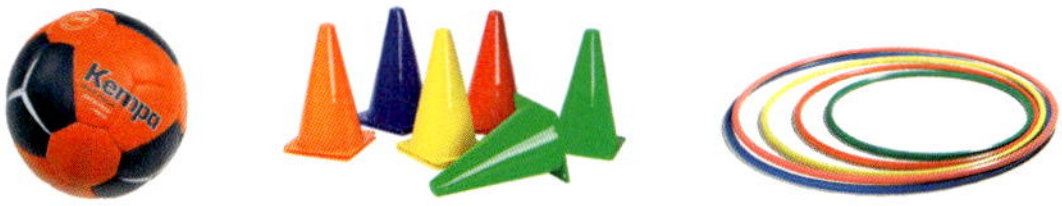

Bälle rausprellen und abfangen	Passwege erkennen	Räume eng machen

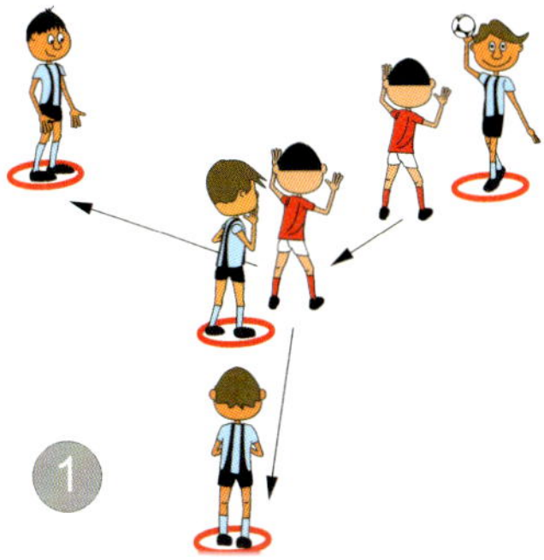

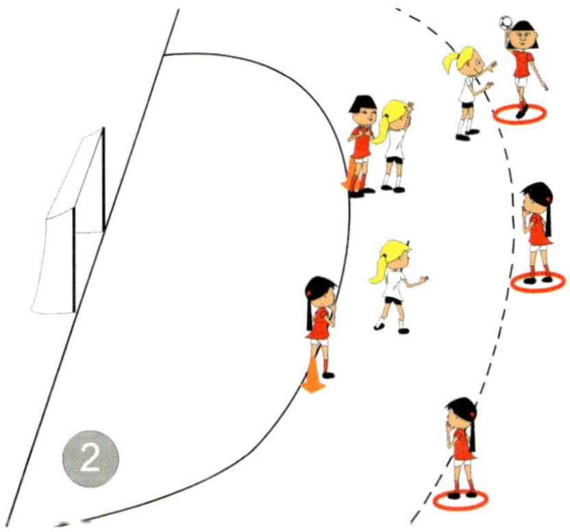

SPIELIDEE / ABLAUF

Abfangjäger kann in zwei Varianten gespielt werden. Es ist einfacher mit einem 4:2 im freien Raum zu starten. Hierbei stehen vier Kinder in jeweils einem Reifen (Abb. 1). Die anderen beiden Kinder sind Abwehrspieler und versuchen, den Ball zu erobern. Sobald sie es schaffen, den Ball zu berühren, erhalten sie einen Punkt. Die Angreifer erhalten einen Punkt, wenn sie dem mittleren Reifenspieler den Ball zupassen können.

Die zweite Variante wird am Torraum gespielt (Abb. 2). Es gibt fünf Angreifer, wobei zwei Kinder als Kreisspieler an den Hütchen stehen und die anderen Kinder die drei Rückraumpositionen im Reifen besetzen. Die drei Abwehrspieler müssen erneut versuchen, den Ball abzufangen. Die Angreifer können durch einen erfolgreichen Pass an einen Kreisspieler punkten.

VARIATIONEN

Wenn die Angreifer sicher passen und fangen, kann eine Variante gespielt werden, in der die Abwehrspieler ebenfalls Punkte erzielen können, indem sie den Ballhalter (Variante 1: die äußeren Spieler, Variante 2: die Rückraumspieler) berühren.

HINWEIS

- Es kann zunächst ohne vorgeschriebene Laufwege für die Abwehrspieler gespielt werden. Bei fortgeschrittenen Kindern sollte die Abwehrgrundbewegung (aktiv zum Ballhalter heraustreten und nach einem Abspiel zum Kreisspieler zurücksinken) erläutert werden.

HÄNDE WEG VOM HÜTCHEN

BALL EROBERN / TORWURF VERHINDERN

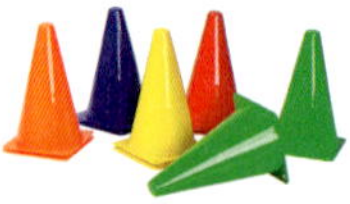 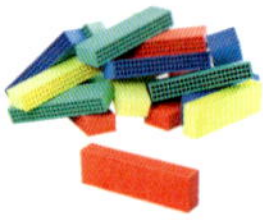

Abwehrgrundposition einnehmen	Räume eng machen	Lauf- und Körpertäuschung

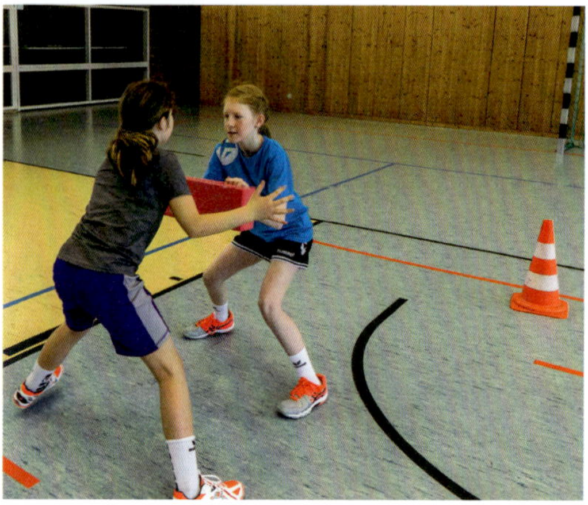 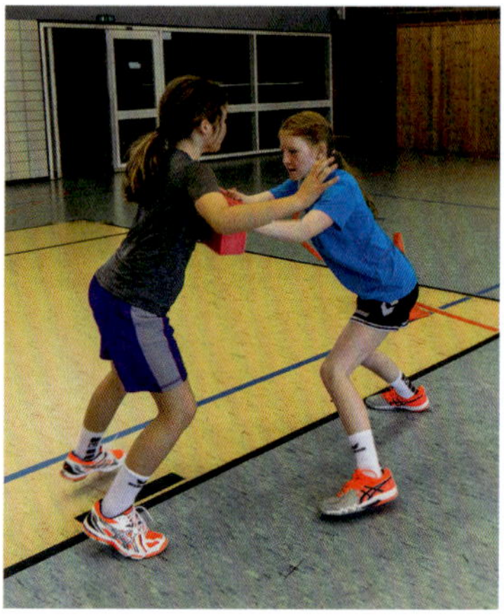

HINWEIS

- Abstände zwischen den Hütchen dem Leistungsstand anpassen
- Alternativ zum Schaumstoffbalken können kurze Poolnudeln oder Handtücher verwendet werden.
- Darauf hinweisen, dass mit kleinen schnellen Schritten agiert werden muss (Abwehrgrundposition erklären).

SPIELIDEE / ABLAUF

Ein Abwehrspieler verteidigt ein Hütchentor (Abstand der Hütchen ca. 2 m). Der Angreifer versucht, eines der beiden Hütchen zu berühren. Der Abwehrspieler muss dies verhindern, indem er mit dem Körper zwischen Angreifer und Hütchen bleibt und die Arme als Stoßdämpfer benutzt. Der Abwehrspieler hält dabei einen Schaumstoffbalken mit beiden Händen vorm Körper. Mit Hilfe des Schaumstoffbalkens darf der Angreifer abgedrängt werden.

VARIATIONEN

- Der Angreifer versucht, durch das Hütchentor zu laufen.
- Der Angreifer versucht, durch das Hütchentor zu prellen.
- Der Angreifer spielt einen Doppelpass mit einem Anspieler und versucht mithilfe von Körpertäuschungen durch das Hütchentor zu laufen.

WER GEGEN WEN? (Gaugisch & Pabst, 2018)

BALL EROBERN / TORWURF VERHINDERN

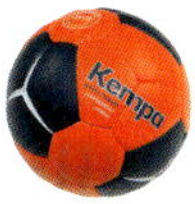

Abwehrgrundposition einnehmen	Lauf- und Körpertäuschung	

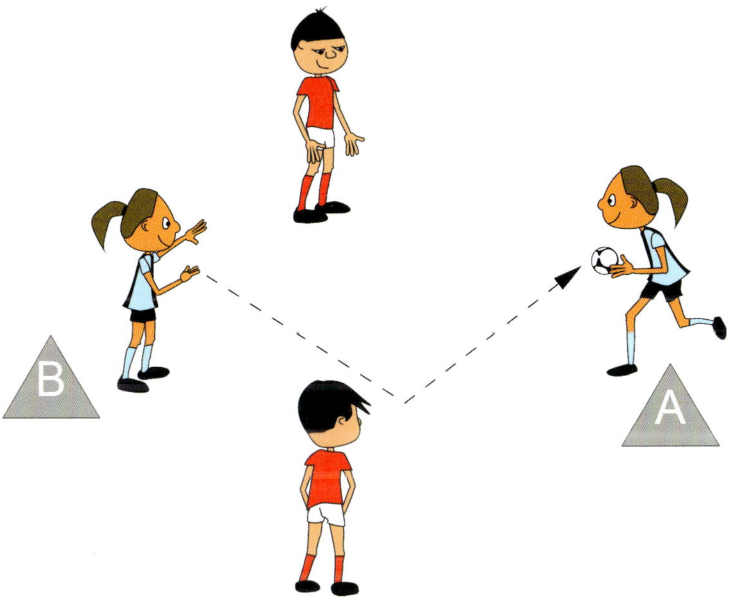

SPIELIDEE / ABLAUF

Vier Spieler stehen im Quadrat (ca. 3 m Abstand zum Gegenüber) und spielen in beliebiger Reihenfolge direkte Pässe. **Sobald ein Bodenpass zum gegenüberstehenden Kind gespielt wird,** muss der Passempfänger (A) versuchen, am Passgeber (B) vorbeizukommen. Die an der 1:1 Situation nicht beteiligten Kinder (rot) begrenzen den Durchbruchsraum, so dass der Passgeber (B) dem Angreifer (A) aktiv entgegentreten muss, um einen Durchbruch zu verhindern.

HINWEIS

- Für den Abwehrspieler ist das Timing entscheidend. Er sollte Kontakt zum Angreifer aufnehmen, bevor dieser eine Täuschungsaktion durchführen kann.

MITTE ZU

BALL EROBERN / TORWURF VERHINDERN

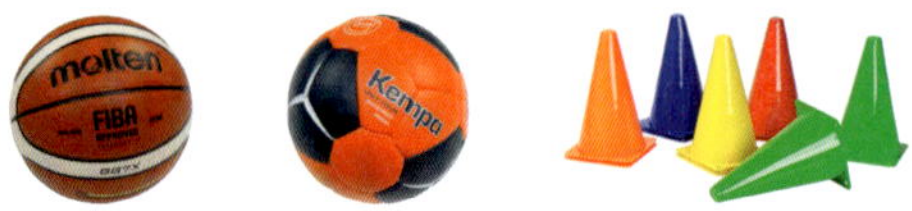

Abwehrgrundposition einnehmen	Bälle rausprellen	Räume eng machen

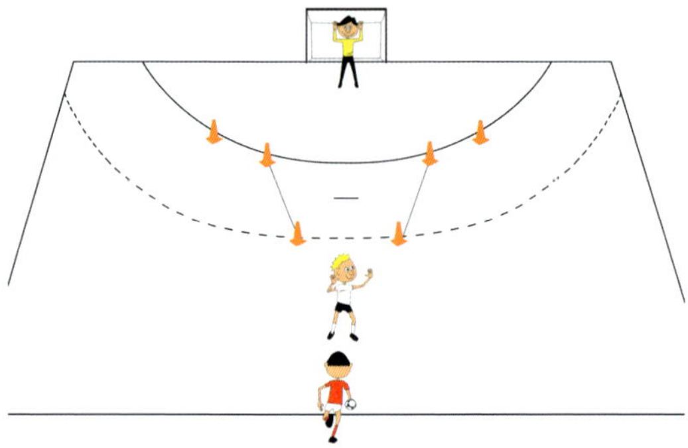

SPIELIDEE / ABLAUF

Ein Kind greift prellend das Tor an. Ziel des Abwehrspielers ist es, den Ball zu erobern und den Angreifer vom Tor fern zu halten. Der Angreifer versucht, in eine günstige Torwurfposition zu kommen. Schafft er es, durch das Hütchentor an der Freiwurflinie in den markierten Sektor einzudringen, erhält er drei Punkte. Schafft er es, von der Seite in den zentralen Sektor zu gelangen, erhält er zwei Punkte. Muss er durch eines der seitlichen Hütchentore werfen, erhält er einen Punkt. Der Abwehrspieler kann wie folgt Punkte sammeln: drei Punkte für die Balleroberung und einen Wurf außerhalb aller Hütchen, zwei Punkte für einen Wurf durch eines der seitlichen Hütchentore, einen Punkt fürs seitliche Eindringen in den zentralen Sektor, keine Punkte für das frontale Eindringen in den zentralen Sektor.

HINWEIS

- Vor der Freiwurflinie, außerhalb von 9 m sollte der Abwehrspieler zunächst ca. 2 m Abstand halten. Je näher sich der Angreifer dem Sektor oder den Hütchentoren nähert, desto geringer wird der Abstand und es wird Körperkontakt aufgenommen.
- Klammern und festhalten sofort unterbinden.

VARIATIONEN

Der Angreifer prellt mit einem Basketball. Es wird dann ohne Torwurf gespielt. Es geht nur darum, durch die Hütchentore oder in den Sektor zu gelangen. Diese Variation erleichtert dem Abwehrspieler das Rausprellen und fördert die aktive Balleroberung.

REAKTIONSBALL

TORWURF ABWEHREN

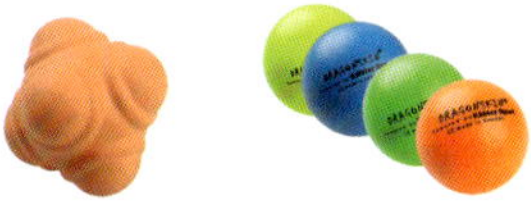

Torwartgrundbewegung

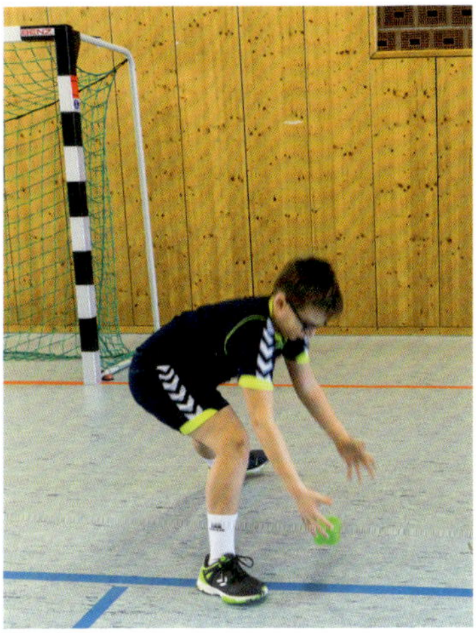

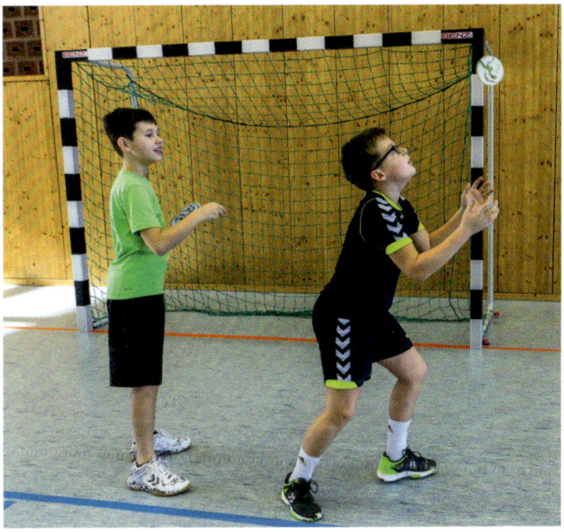

SPIELIDEE / ABLAUF

Der Torwart steht in einem markierten Feld. Der Werfer wirft den Reaktionsball im Bogen (von unten) in das Feld. Nachdem der Ball einmal geprellt ist, versucht der Torwart, den Ball zu fangen, bevor dieser erneut den Boden berührt (Abb. 1). Der Torhüter sollte einen Fuß möglichst nah an der Stelle aufsetzen, an dem der Ball den Boden berühren wird. Der Körperschwerpunkt ist tief und mittig zwischen den Beinen. Dadurch kann der Torhüter in alle Richtungen flexibel reagieren. Ziel ist es, dass der Torwart sich bereits vor dem Wurf in eine möglichst gute Position bringt (Stellungsspiel, Körperhaltung, Körperschwerpunkt).

HINWEIS

- Der Torhüter kann in diesem Spiel auch dem Ball hinterherhechten.
- Anstelle eines Reaktionsballs kann auch ein Rugbyball verwendet werden.

VARIATIONEN

Bierdeckel werden mit einer Rotation von hinten über den Torhüter geworfen (Abb. 2). Der Torwart hat nun die Aufgabe, den Bierdeckel vor Erreichen des Bodens zu berühren. Die Anforderung liegt hier weniger in der Körperhaltung und der Fußstellung. Es ist wichtig, aufgrund der willkürlichen Flugbahn, möglichst viel Körper Richtung Bierdeckel zu bewegen.

BANKKÖNIG

TORWURF ABWEHREN

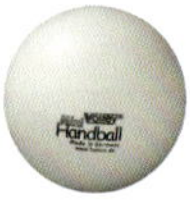

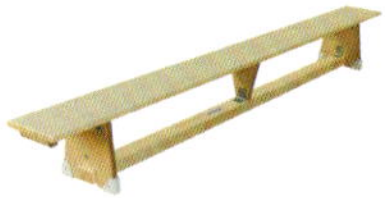

Torwartgrundbewegung

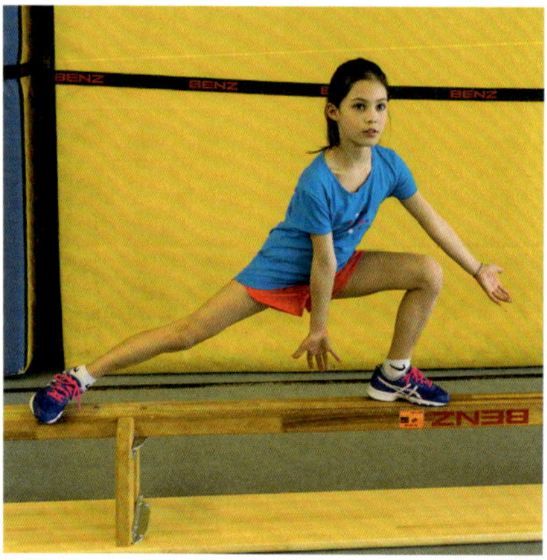

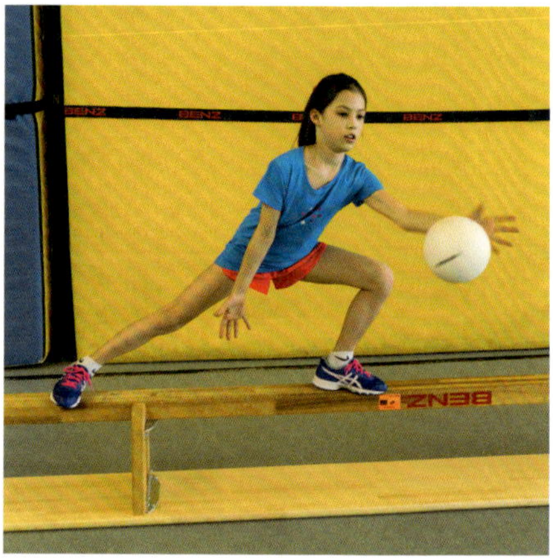

SPIELIDEE / ABLAUF

Ein Kind steht als Torwart auf einer umgedrehten Bank (siehe Abb.). Vor ihm steht in 2–3 m Abstand ein weiteres Kind und wirft einen Softball flach über die Bank ca. einen Meter links oder rechts neben dem Torwart. Der Torwart versucht, den Ball abzuwehren, indem er einen seitlichen Ausfallschritt macht (Fußspitze zeigt in Bankverlauf) und eine Hand über dem Fuß sowie die zweite Hand zwischen den Beinen hält. Mit dem Körper sollte möglichst viel Fläche abgedeckt werden. Nach der Abwehr geht der Torwart in die Grundposition zurück, ohne die Bank zu verlassen.

HINWEIS

- Die Übung kann zunächst ohne geworfene Bälle durchgeführt werden, um ein Gefühl für die Bewegung und die Kontrolle des Gleichgewichts zu bekommen (Abb. 1).
- Die Bälle sollten anfangs nicht zu fest und von unten zugeworfen werden. Mit zunehmender Sicherheit des Torhüters kann die Wurfhärte gesteigert werden.

VARIATIONEN

- Zur Vereinfachung der Übung wird die Bank nicht umgedreht, so dass die Standfläche für den Torhüter größer ist.
- Bei sehr guten Torhütern kann mit Handbällen geworfen werden.

SCHRITTSPRUNGPARCOURS

TORWURF ABWEHREN

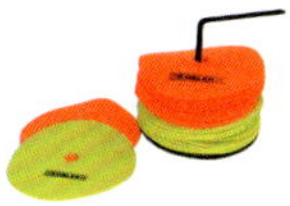

Torwartgrundbewegung

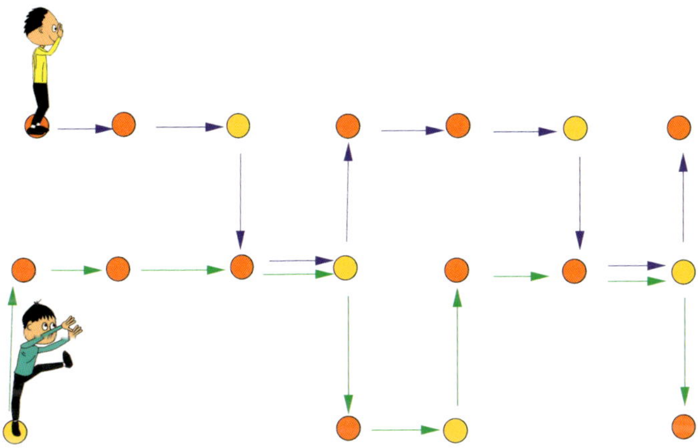

SPIELIDEE / ABLAUF

Es werden drei Reihen mit zwei verschiedenfarbigen Markierungsscheiben gelegt. Jeweils ein Kind beginnt an der Startmarkierung (siehe Abb.). Steht das Kind auf einem orangenen Punkt, muss es beidbeinig nach vorne springen, steht es auf einem gelben Punkt, muss es einen Schrittsprung zur Seite auf den benachbarten Punkt der anderen Reihe machen. Bei der Landung sollte der Fuß nicht seitlich aufdrehen, sondern mit der Fußspitze nach vorne stehen, damit der Sprung ausbalanciert und abgefangen werden kann.

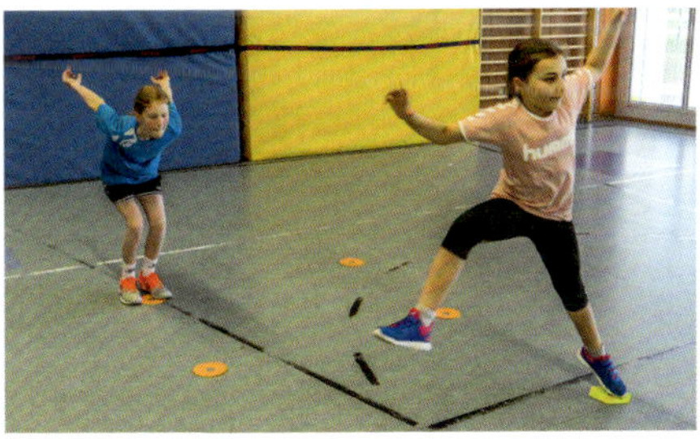

HINWEIS

- Der Blick sollte immer nach vorne gerichtet sein.
- Der Schrittsprung erfolgt schnellkräftig diagonal nach oben.

VARIATIONEN

Bei Kindern, die die Technik sicher beherrschen, kann der Parcours auf Zeit durchsprungen werden oder im direkten Duell gegeneinander.

BÄLLE ABLAUFEN

TORWURF ABWEHREN

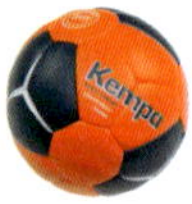

Torwartgrundbewegung

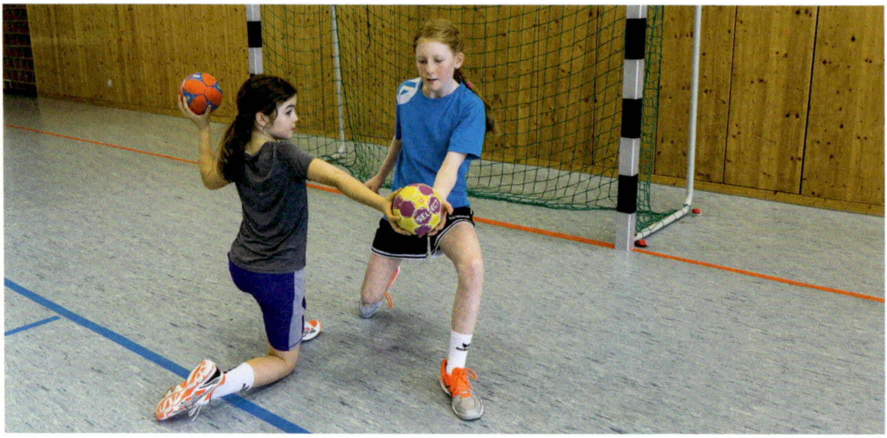

SPIELIDEE / ABLAUF

Der Torwart steht in der Mitte des Tors oder zwischen zwei Stangen. Vor ihm stehen in etwa 1–2 m Abstand zwei Spieler. Beide Spieler haben je zwei Bälle in der Hand. Der Torwart steht mit dem Rücken zu den Spielern. Auf Kommando dreht sich der Torhüter über das linke oder das rechte Bein (nicht um eigene Achse springen) und berührt die vier Bälle, die die zwei Spieler vor ihm in den Händen halten.

HINWEIS

- Abstand der Spieler mit Ball zueinander dem Leistungsstand des Torhüters anpassen.
- Auf die Technik der Abwehrbewegung achten, das heißt, so viel Körper hinter den Ball wie möglich, Aufdrehen des Fußes, Schrittsprungtechnik etc.
- Abwehrbewegung mit dem ganzen Körper zum Ball ausführen.

VARIATIONEN

- Das Ablaufen der Bälle kann variiert werden, indem der Torhüter verschiedene Aufgaben bekommt: vorgegebene Farbreihenfolge einhalten, von hoch nach tief und umgekehrt, abwechselnd höchsten, tiefsten Ball berühren.
- Der Torwart kann die Bälle nacheinander ablaufen oder immer wieder in die Ausgangsstellung zurückkehren.

8 BALLSCHULE HANDBALL

TAKTISCHE BASIS-KOMPETENZEN

Ziel der folgenden Spiele und Übungen ist die Bewältigung der taktischen Anforderungen innerhalb der einzelnen Spielphasen im Kinderhandball. Hierbei geht es vor allem darum, dass die Kinder lernen, im Spiel Entscheidungen zu treffen, die der eigenen Mannschaft einen Vorteil einbringen. Im Rahmen der handballspezifischen Grundlagenausbildung stehen – anders als im Erwachsenenhandball – zunächst individualtaktische Verhaltensweisen im Fokus, aus denen sich im Einzelfall gruppentaktische

Taktische Basiskompetenzen der offensiven Spielphasen

	Balltransport
Raum kooperativ überbrücken	Kompetenz zum sicheren Zusammenspiel mit Mitspielern, um den Ballbesitz zu behaupten und in torgefährliche Räume vorzudringen
	Überzahl herausspielen
Räume erkennen und nutzen	Kompetenz zum zielgerichteten und zeitlich optimalen Anlaufen von freien Räumen mit und ohne Ball sowie zum effektiven Erarbeiten von Durchbruchsräumen
	Torwurf
Wurfauswahl	Kompetenz zur schnellen und situationsgerechten Entscheidung über die optimale Wurfbewegung (Schlagwurf mit Stemmschritt, Schlagwurf aus dem Lauf, Sprungwurf hoch oder weit)
Torwartbewegungen erkennen	Kompetenz zur Antizipation/Wahrnehmung von Torwartaktionen, um erfolgreiche Torwürfe ausführen zu können

Taktische Basiskompetenzen der defensiven Spielphasen

	Umschalten / Rückzug
Orientierung zum Ball und Gegenspieler	Kompetenz zur zeitlich und räumlich optimalen Rückzugsbewegung unter gleichzeitiger Wahrnehmung des direkten Gegenspielers und des Balls
	Ball erobern / Torwurf verhindern
Passwege erkennen	Kompetenz zur schnellen Wahrnehmung und Antizipation von Pässen innerhalb der gegnerischen Mannschaft
Räume eng machen	Kompetenz zur schnellen Orientierung Richtung Ballhalter, um mögliche Durchbruchsräume abzusichern
	Torwurf abwehren
Stellungsspiel	Kompetenz des Torhüters zur schnellen Positionierung im rechten Winkel zur antizipierten Wurfrichtung

Maßnahmen ergeben. Die folgenden taktischen Basiskompetenzen sind den Spielphasen zugeordnet.

Methodische Hinweise zu den Spiel- und Übungsformen

Auch wenn in der Phase der beginnenden Spezialisierung konkrete Handlungsanweisungen an Bedeutung gewinnen, gilt für das Spielen und Üben der taktischen Basiskompetenzen immer noch, dass das Kreieren von eigenen Lösungen und das Sammeln von Spielerfahrungen im Vordergrund stehen. Aus diesem Grund wurden Spiel- und Übungsformen ausgewählt, die der Trainer durch einfache Veränderungen des Raums, des Materials und der Spieleranzahl steuern kann, ohne direkt in das Spielgeschehen einzugreifen oder die Spieler zu korrigieren. Neu ist, dass erstmals im Ballschulkonzept systematische Spielreihen zur Vermittlung der taktischen Kompetenzen auftauchen (siehe „Vom Aufsetzerball zum Aufsetzerhandball", S. 102+103). Nach wie vor haben die Freude am Spiel und der Abwechslungsreichtum innerhalb einer Trainingsstunde Priorität.

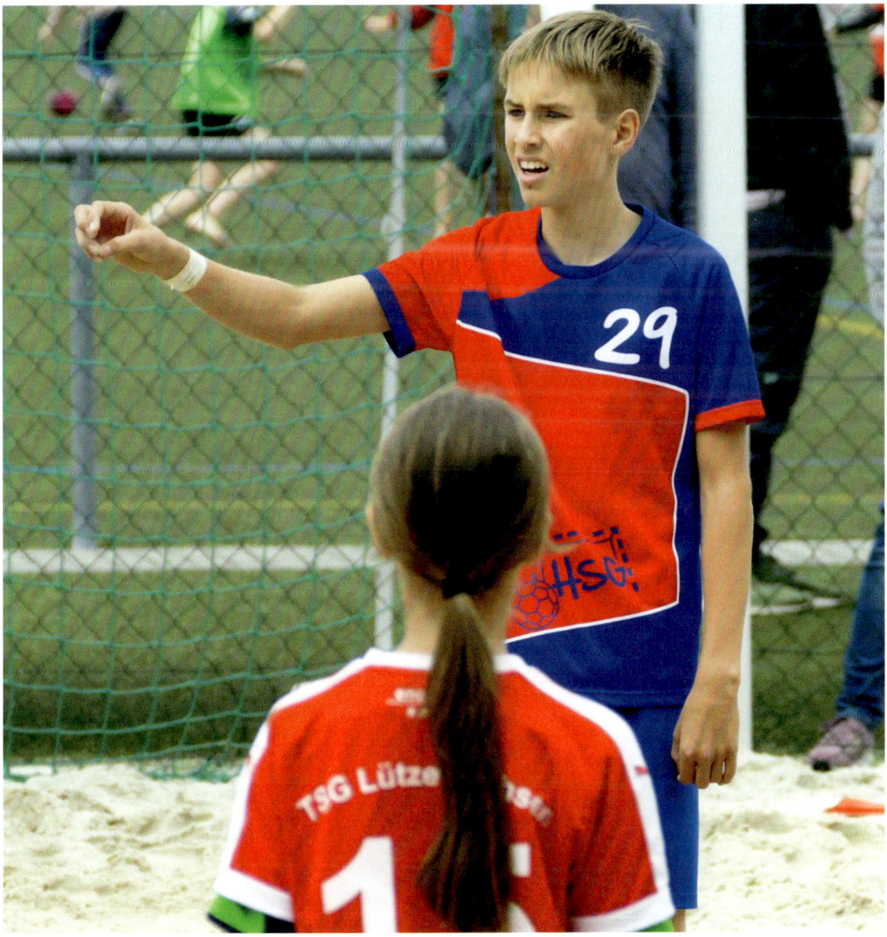

ÜBERBLICK: SPIELE UND ÜBUNGEN

Spielphasen	Bausteine	Spiele	Seite
Balltransport	Raum kooperativ überbrücken	Eckball	99
		Zur Mitte und zurück	100
		Tore am Fließband	101
		Vom Aufsetzerball zum Aufsetzerhandball I	102
Überzahl herausspielen	Räume erkennen und nutzen	Vom Aufsetzerball zum Aufsetzerhandball II	103
		Ballräuber	104
		Fuß-Handball	105
		Touch Rugby	106
		Zonenwechselball	107
		Chaosball	108
		In die Tiefe	109
Torwurf	Wurfauswahl	Hoch oder Weit	110
		Zonentore	111
	Torwartbewegungen erkennen	Wechsel-Torwart	112
		Wo ist der Torwart?	113
		Doppeltorhandball	114
Umschalten / Rückzug	Orientierung zum Ball und Gegenspieler	Felderwechsel	115
		Überraschungsgegner	116
		Zonenball	117
		Verfolgung	118
		Reifenmannschaftswechsel	119
Ball erobern / Torwurf verhindern	Passwege erkennen	Raus hier!	120
		Wechselschweinchen	121
		Zwei Aufgaben	122
	Räume eng machen	Alles verteidigen	123
		Schatzsuche	124
		In die Breite	125
Torwurf abwehren	Stellungsspiel	Offenes Tor	126
		Zauberschnur	127
		Bälle passen	128

ECKBALL

BALLTRANSPORT

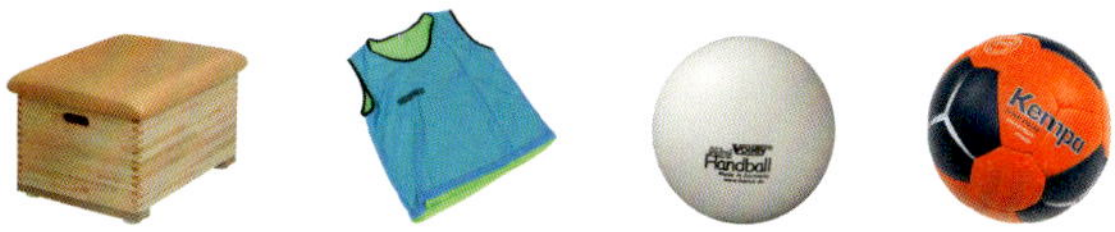

Raum kooperativ überbrücken

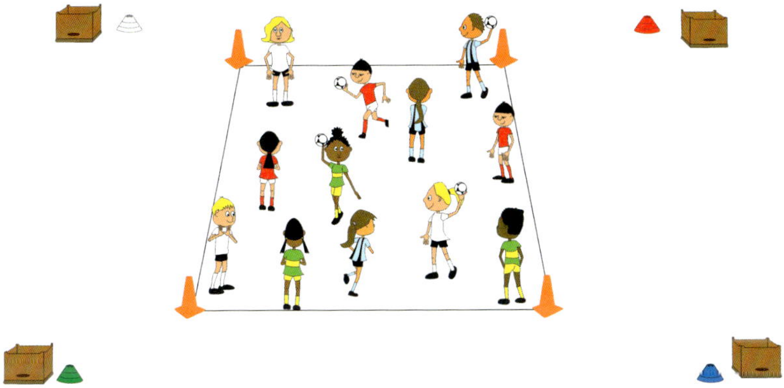

SPIELIDEE / ABLAUF

In jede Hallenecke wird ein kleiner umgedrehter Kasten gestellt. Es werden vier Mannschaften gebildet, die farblich gekennzeichnet sind. Jeder Mannschaft wird ein Kasten zugeordnet, der mit einem farbigen Hütchen markiert wird (Trikotfarbe = Hütchenfarbe). Der jeweils diagonal gegenüberliegende Kasten ist der zweite Kasten einer Mannschaft. In der Mitte der Halle befindet sich ein begrenztes Spielfeld, in dem sich die Mannschaften zunächst aufhalten. Alle Kinder laufen durcheinander und spielen sich einen Ball innerhalb ihrer Mannschaft zu. Es darf nicht geprellt werden. Wenn der Trainer „1" ruft, muss jede Mannschaft so schnell wie möglich zu ihrem ersten (farblich markierten) Kasten gelangen. Es darf weiterhin nicht geprellt werden und der Ball darf nicht länger als drei Sekunden gehalten werden. Diejenige Mannschaft bekommt einen Punkt, die zuerst ihren Ball im Kasten abgelegt hat und bei der alle Teammitglieder den Kasten berühren. Es beginnt ein neuer Durchgang. Ruft der Trainer „2", müssen die Mannschaften ihren Ball im zweiten Kasten (gegenüber des farblich markierten Kastens) ablegen und gemeinsam den Kasten berühren.

VARIATIONEN

Wenn z. B. „2" gerufen wird, muss die Mannschaft erst zu ihrem Kasten „1" laufen, diesen mit allen Teammitgliedern umrunden und dann den Ball im Kasten „2" ablegen sowie den Kasten mit den Händen berühren.

ZUR MITTE UND ZURÜCK

BALLTRANSPORT

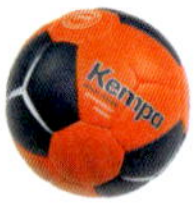

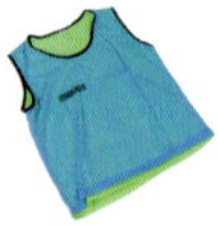

Raum kooperativ überbrücken | Räume erkennen und nutzen

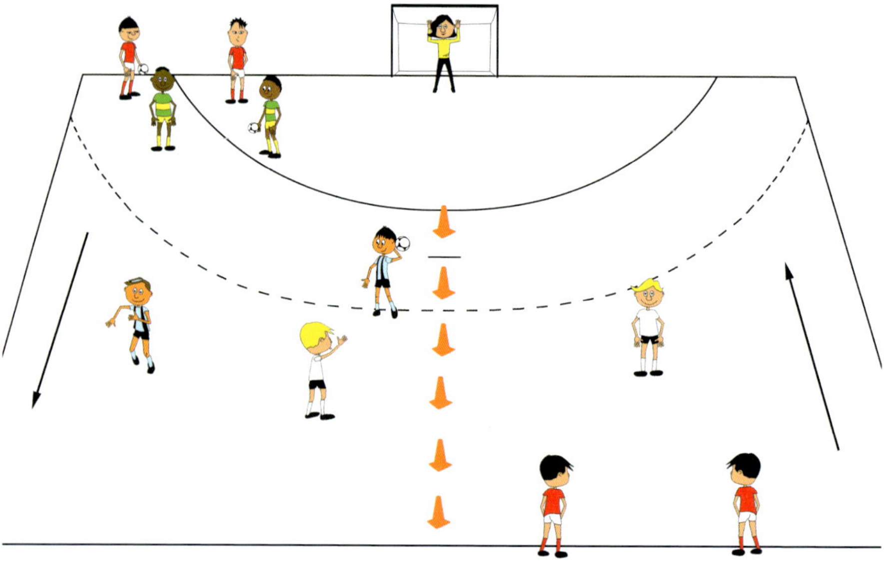

SPIELIDEE / ABLAUF

Das Handballfeld wird mit Hütchen geteilt (siehe Abb.). Die Spieler bilden Zweiergruppen und stellen sich seitlich neben dem Tor hintereinander auf. Eine Zweiergruppe steht an der Mittellinie. In jeder Hälfte befindet sich ein Abwehrspieler. Die erste Gruppe startet am Torraum. Die Kinder versuchen durch Passen, den Ball an dem Abwehrspieler vorbei zur Mittellinie zu transportieren. Es dürfen drei Schritte mit dem Ball gemacht werden. Hat ein Spieler die Mittellinie mit dem Fuß berührt, spielt er den Ball zu der Gruppe, die an der Mittellinie wartet. Auch diese versucht, durch Passen und Laufen am Abwehrspieler vorbei zu kommen und aufs Tor zu werfen. Dann startet die nächste Zweiergruppe. Die erste wartet nun an der Mittellinie auf ihren Einsatz.

VARIATIONEN

- Jeder Spieler darf einmal prellen.
- Die Abwehrspieler müssen einen Ball in beiden Händen vor dem Körper halten, sodass ihre Bewegungsfreiheit eingeschränkt ist.

TORE AM FLIESSBAND

BALLTRANSPORT

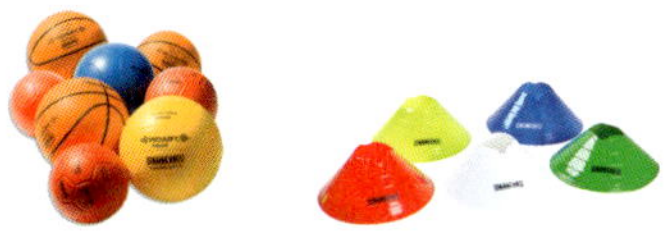

Raum kooperativ überbrücken

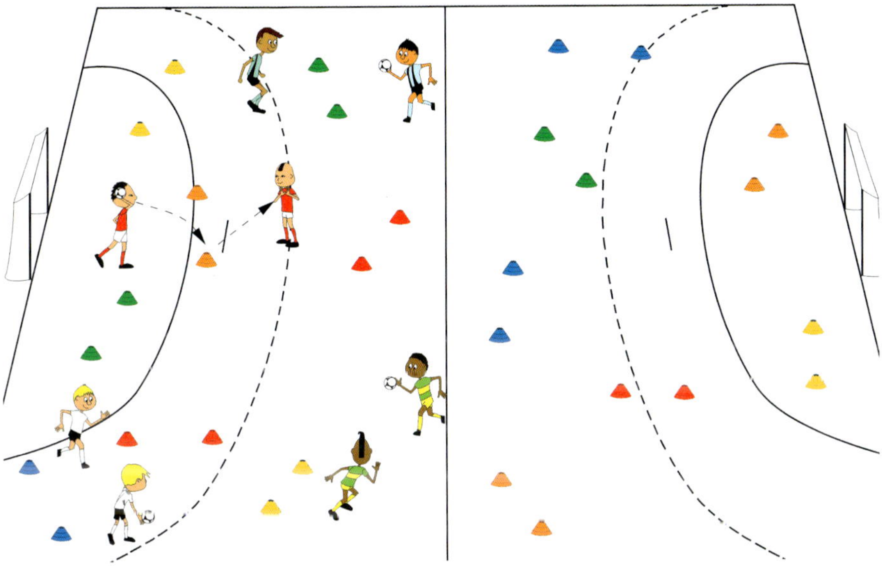

SPIELIDEE / ABLAUF

Die Kinder gehen paarweise mit einem Ball zusammen. In der gesamten Halle werden Hütchentore aufgebaut (Abstand ca. 1,5–2 m). Die Aufgabe besteht darin, möglichst viele Tore zu erzielen. Ein Tor ist erzielt, wenn Partner A den Ball als Aufsetzer durch ein Hütchentor zu Partner B spielt. Danach muss ein anderes Tor gewählt werden. Die Paare passen sich fortlaufend zu. Der Ball darf einmal getippt, aber nicht länger geprellt werden. Drei Schritte mit dem Ball sind erlaubt. Zunächst wird nur in einer Hallenhälfte gespielt. Auf Pfiff des Trainers müssen alle Paare in die andere Hälfte wechseln und dort Tore erzielen. Nach einer vorher festgelegten Zeit wird nach der Anzahl der erzielten Tore gefragt.

VARIATIONEN

Der Trainer hat je ein gelbes, rotes, grünes und weißes Hütchen vor sich stehen. Sobald er ein oder zwei Hütchen hochhält, sind die Tore dieser Farbe(n) gesperrt. Hier können keine Punkte erzielt werden.

VOM AUFSETZERBALL ZUM AUFSETZERHANDBALL I

BALLTRANSPORT (Spielreihe) (Eisele, Hahn & Wrara, 2009)

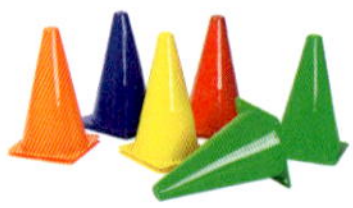
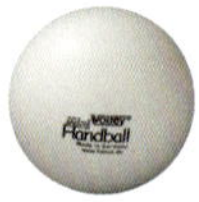
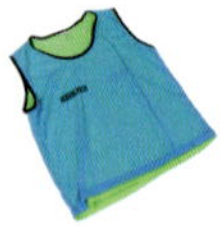

Raum kooperativ überbrücken	Torwartbewegungen erkennen	Schlag- und Sprungwurf

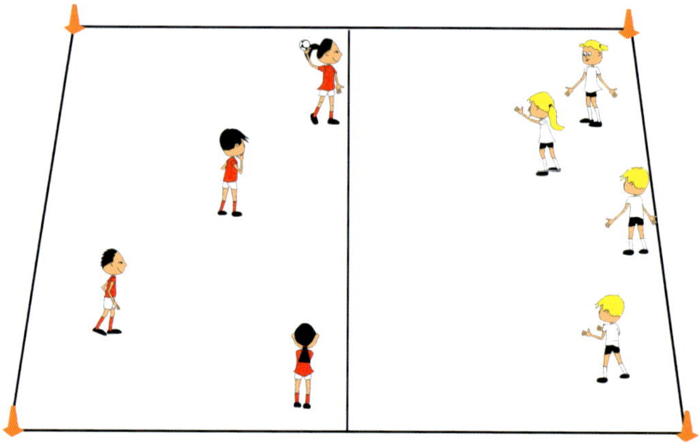

SPIELIDEE / ABLAUF 1

Das Spiel findet im Volleyballfeld statt, wobei die Ecken mit Hütchen markiert werden. Die Mittellinie trennt die beiden Felder. In jedem Feld befinden sich vier Kinder. Ziel ist es, den Ball so zu werfen, dass er als Aufsetzer ins Tor zwischen den beiden Hütchen im gegnerischen Feld landet. Alle Kinder können den Wurf mit allen Körperteilen abwehren. Es darf nicht geprellt werden. Die Kinder müssen sich den Ball zupassen, um möglichst nah an die Mittellinie (= Abwurflinie) zu gelangen. Das gegnerische Feld darf nicht betreten werden.

SPIELIDEE / ABLAUF 2

In der zweiten Spielform (nicht grafisch dargestellt) spielt ein Kind in der gegnerischen Hälfte. Dieses Kind versucht, die Pässe der Gegner abzufangen. Gelingt dies, muss der Ball zurück in die eigene Hälfte gepasst werden. Verlässt der Ball über die Seitenlinie das Spielfeld, wird das Spiel mit einem Einwurf fortgesetzt. Die Kinder, die in der gegnerischen Hälfte agieren, können jederzeit ausgetauscht werden. Die Tore können situationsgerecht verkleinert werden, wenn es für drei abwehrende Kinder zu schwierig wird, Bälle abzufangen.

HINWEIS

- Es sollte mit gut prellenden Softhandbällen gespielt werden.

VOM AUFSETZERBALL ZUM AUFSETZERHANDBALL II

ÜBERZAHL HERAUSSPIELEN (Spielreihe)

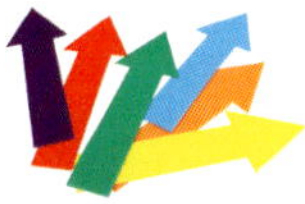
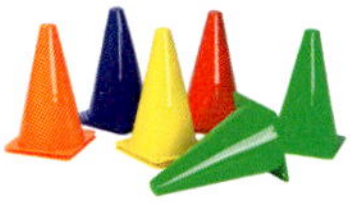
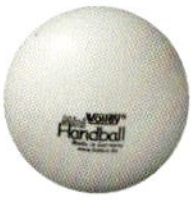
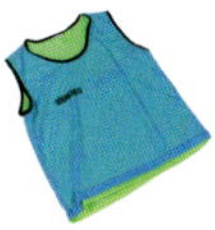

Räume erkennen und nutzen	Wurf unter Gegnerbehinderung	

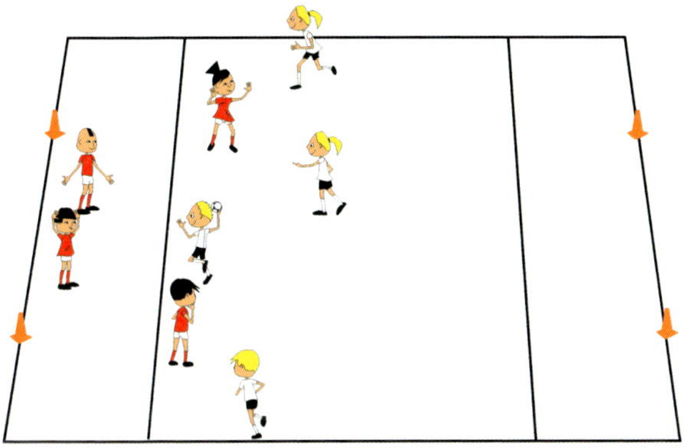

SPIELIDEE / ABLAUF 3

Für die nächste Spielform werden die Felder nicht mehr durch die Mittellinie getrennt. Die Tore werden etwas verkleinert. Außerdem werden zwei Abwurflinien markiert (vorhandene Linien nutzen oder Bodenmarkierungen auslegen). Tore dürfen weiterhin nur als Aufsetzer erzielt werden. Es befinden sich zwei Torhüter im Tor und vor der Abwurflinie agieren zwei Abwehrspieler. Im Angriff dürfen beide Torhüter mitspielen, so dass eine 4:2 Überzahlsituation entsteht.

SPIELIDEE / ABLAUF 4

In der letzten Spielvariante werden die Tore noch kleiner gemacht. Es befindet sich nur noch ein Torhüter im Tor, der jedoch im Angriff mitspielen darf, sodass die angreifende Mannschaft weiterhin in Überzahl spielen kann (4:3). Die Torhüterposition wechselt ständig.

SPIELIDEE / ABLAUF 5

Als letzte Variante wird 3 plus 1 gespielt. Der Torhüter darf jetzt nicht mehr im Angriff mitspielen, so dass eine 3:3 Gleichzahlsituation entsteht.

HINWEIS

- Die Spielformen drei bis fünf können sowohl ohne Prellen als auch mit Prellen gespielt werden.
- Ab Spielform drei können Kinderhandbälle eingesetzt werden.

BALLRÄUBER

ÜBERZAHL HERAUSSPIELEN

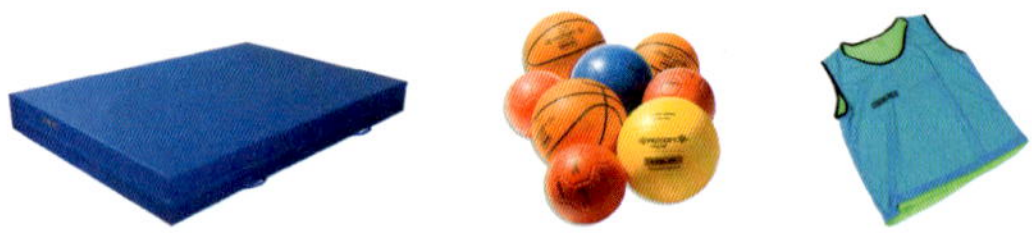

Räume erkennen und nutzen	Räume eng machen	Lauf- und Körpertäuschung

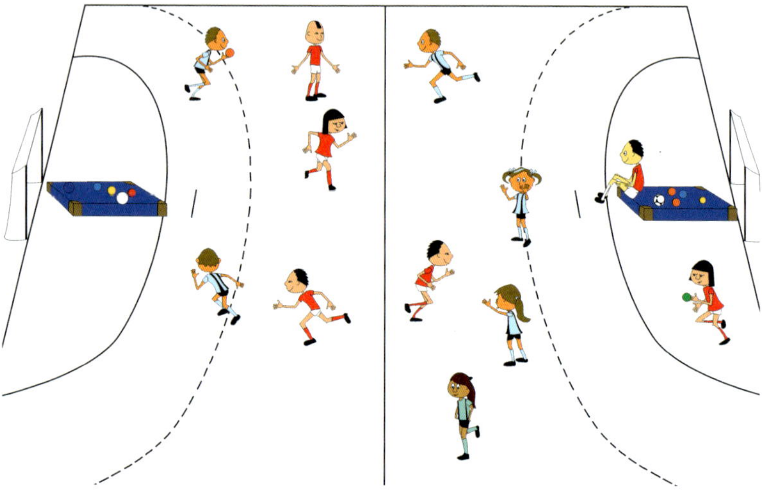

SPIELIDEE / ABLAUF

In jedem Torraum liegt eine Weichbodenmatte mit je sechs Bällen. Gespielt wird 6:6 auf dem Handballfeld. Die Spieler befinden sich zunächst in der eigenen Spielfeldhälfte. Ziel ist es, möglichst alle Bälle von der gegnerischen Matte zu klauen und zur eigenen zu transportieren. Auf dem Weg durch die gegnerische Spielfeldhälfte können Spieler gefangen werden, die sich dann im gegnerischen Torraum auf die Matte setzen müssen. Schafft es ein Spieler, bis in den gegnerischen Torraum zu laufen, ohne berührt zu werden, darf er einen Mitspieler **oder** einen Ball mit zurücknehmen. Die geklauten Bälle werden auf der eigenen Matte abgelegt. Auf dem Rückweg darf man nicht gefangen werden. Alle Spieler dürfen den eigenen Torraum nicht betreten.

HINWEIS

- Wird ein Mitspieler befreit, sollten sich die beiden Kinder auf dem Rückweg an der Hand halten, damit deutlich wird, dass sie nicht gefangen werden können.

VARIATIONEN

- Die Spieler dürfen auf dem Rückweg mit dem Ball auch abgeschlagen werden.
- Die Bälle müssen auf dem Rückweg geprellt werden.

FUSS-HANDBALL

ÜBERZAHL HERAUSSPIELEN

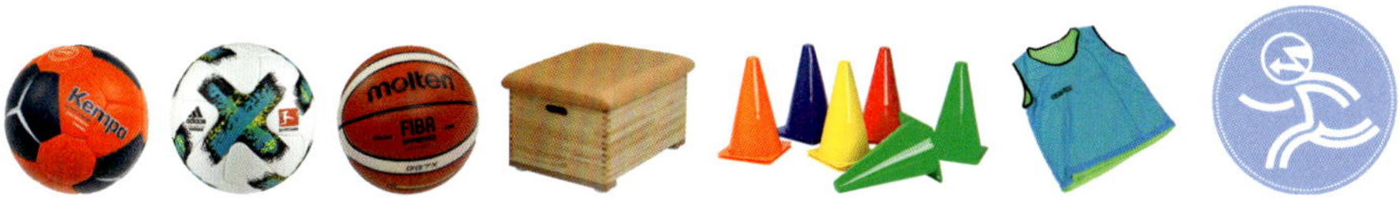

Räume erkennen und nutzen	Räume eng machen	

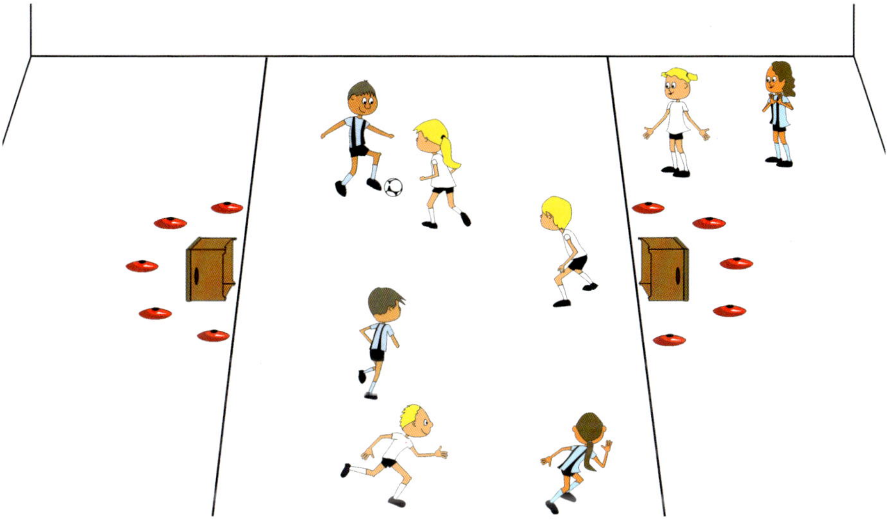

SPIELIDEE / ABLAUF

Zwei Mannschaften spielen in einem festgelegten Feld (z. B. Basketballfeld) Fußball und Handball. Als Tore werden zwei kleine Kästen jeweils auf die Freiwurflinie des Basketballfelds gestellt. Die Kästen werden auf die Seite gelegt, sodass die offene Unterseite (das Fußballtor) zur Hallenmitte zeigt und die Oberseite (das Handballtor) zu den Stirnseiten des Felds. Das Spielfeld wird in drei Spielzonen aufgeteilt. Auf der Spielfläche zwischen den beiden Kästen wird Fußball gespielt und in den beiden äußeren Zonen (hinter den Kästen) Handball.

VARIATIONEN

- Die beiden Spielzonen werden getauscht.
- Der Trainer sagt an, welche Wurftechniken genutzt werden, um ein Tor erzielen zu können.

HINWEIS

- Die Hälfte des Basketballkreises vor dem Handballtor kann als Wurfkreis genutzt werden, der nicht betreten werden darf. Alternativ kann ein Wurfkreis mit Hütchen gekennzeichnet werden.

TOUCH RUGBY

ÜBERZAHL HERAUSSPIELEN

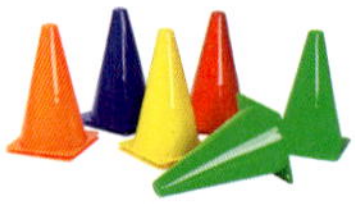
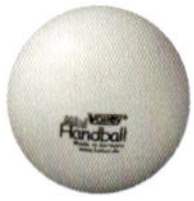

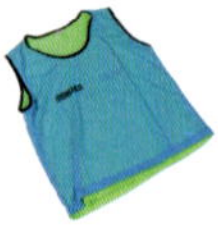

Räume erkennen und nutzen	Räume eng machen	Lauf- und Körpertäuschung

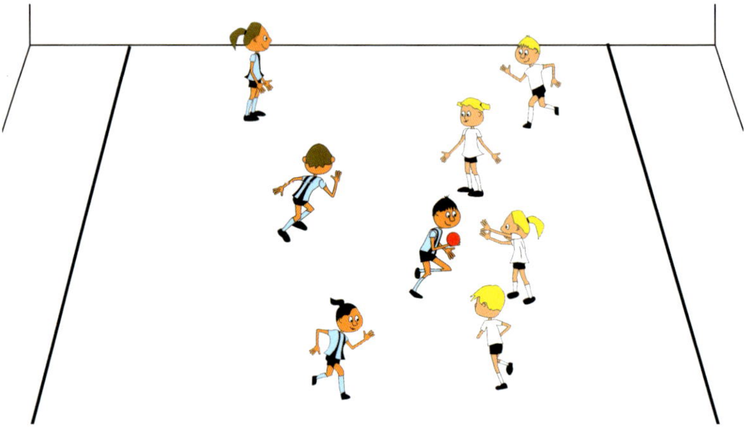

SPIELIDEE / ABLAUF

Zwei Mannschaften spielen gegeneinander (vier bis fünf Spieler pro Team). Es wird auf einem sehr breiten aber eher kurzen Spielfeld gespielt. Ziel ist es, mit dem Ball über die gegnerische Endlinie zu laufen. Mit dem Ball in der Hand dürfen beliebig viele Schritte gemacht werden. Pässe dürfen nur zur Seite oder nach hinten gespielt werden. Wird das ballbesitzende Kind von einem Gegenspieler berührt, muss es sofort stehen bleiben und den Ball (spätestens nach 3 Sekunden) passen. Pässe dürfen vom Gegner abgefangen werden, das Festmachen des Ballbesitzers ist jedoch nicht erlaubt. Schafft es ein Kind, ohne berührt zu werden, mit dem Ball über die gegnerische Endlinie zu laufen, erhält die Mannschaft einen Punkt. Der Ball muss abgelegt werden und die abwehrende Mannschaft kann sofort einen Gegenangriff starten. In der eigenen Endzone können sich die Spieler frei bewegen, ohne „getoucht“ zu werden.

HINWEIS

- Schafft es eine Mannschaft nicht, aus der eigenen Endzone zu kommen, kann die Regel eingeführt werden, dass man sich nach einem Punktgewinn zunächst hinter die Mittellinie zurückziehen muss, bis der Gegner sich aus der eigenen Endzone herausbewegt.
- Es bietet sich an, nach dem Spiel gemeinsam Lösungsmöglichkeiten zu reflektieren (freie Räume anlaufen, Kreuzen der Laufwege, Richtungswechsel ...).

ZONENWECHSELBALL

ÜBERZAHL HERAUSSPIELEN

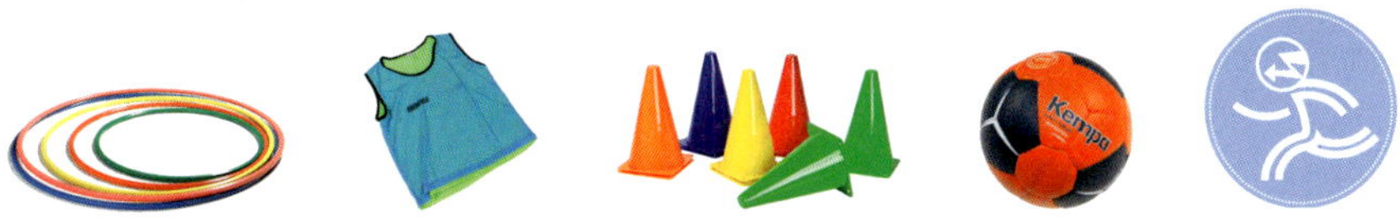

Räume erkennen und nutzen	Orientierung zum Ball und Gegenspieler	Passwege erkennen

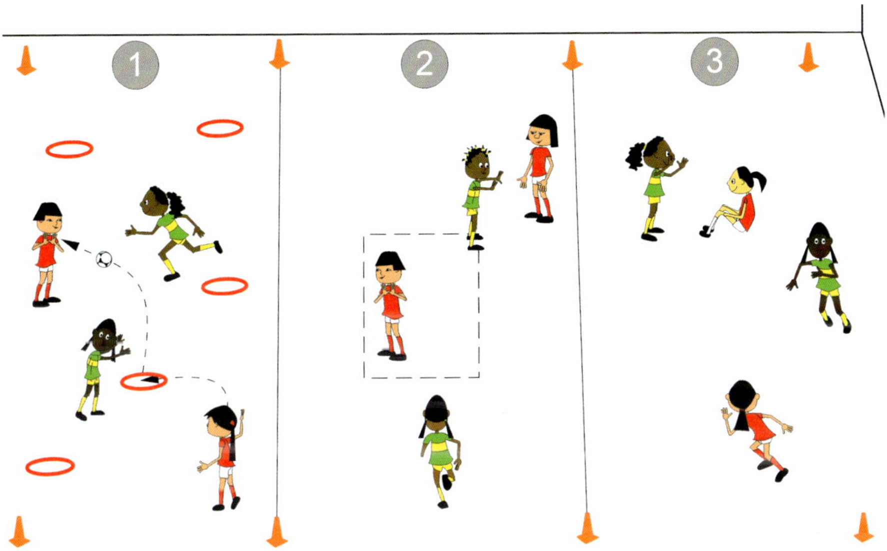

SPIELIDEE / ABLAUF

Das Spielfeld wird in drei Zonen eingeteilt. Es spielen zwei Mannschaften nach Parteiballregeln auf dem gesamten Spielfeld gegeneinander. In Zone 1 kann ein Punkt erzielt werden, indem einem Mitspieler ein Bodenpass durch einen Reifen gespielt wird. In Zone 2 befindet sich in der Mitte ein Rechteck. Ein Punkt wird erzielt, indem ein Doppelpass mit einem Mitspieler gespielt wird, der sich im Rechteck befindet. Es darf nur ein Spieler pro Mannschaft im Rechteck stehen. In Zone 3 muss ein Doppelpass mit einem auf dem Boden sitzenden Mitspieler gespielt werden. Es darf nie zweimal nacheinander in der gleichen Zone gepunktet werden.

HINWEIS

- Anstelle des Rechtecks in der Mittelzone kann auch der Anwurfkreis genutzt werden.
- Das Spiel kann mit und ohne Prellen gespielt werden.

CHAOSBALL

ÜBERZAHL HERAUSSPIELEN

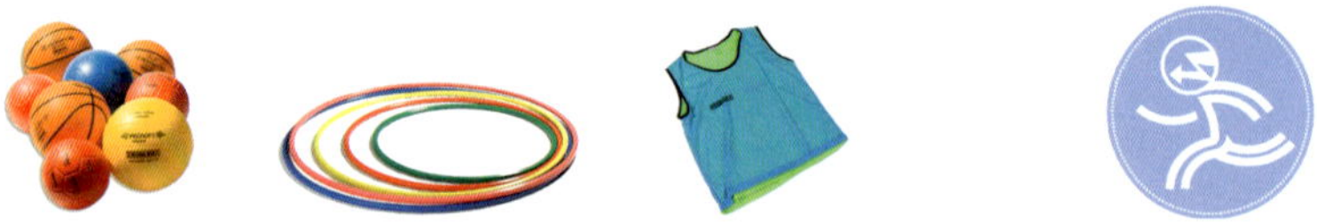

Räume erkennen und nutzen	Orientierung zum Ball und Gegenspieler	

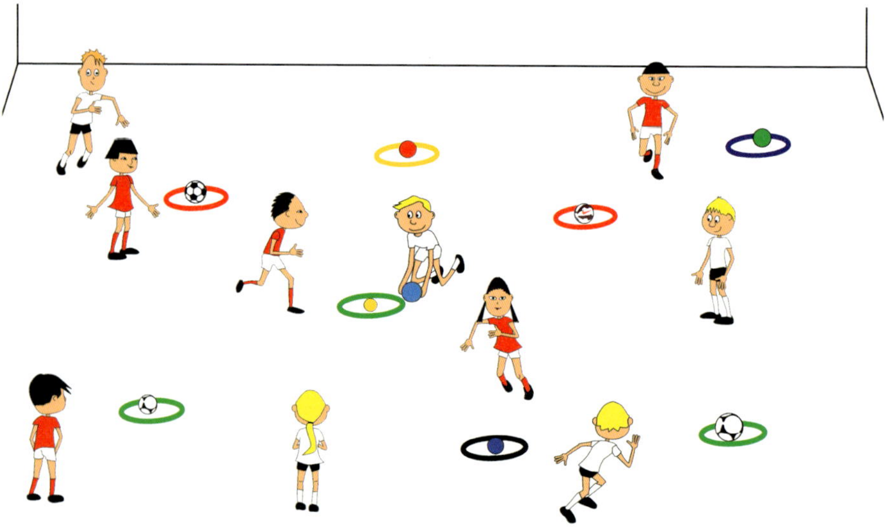

SPIELIDEE / ABLAUF

Es werden mehrere Reifen auf einem Spielfeld verteilt, in denen unterschiedliche Bälle (Gegenstände) platziert sind. Es spielen zwei Mannschaften gegeneinander. Punkte werden erzielt, indem der Spielball im Reifen abgelegt wird. Die gegnerische Mannschaft versucht, dies zu verhindern. Hat eine Mannschaft den Ball in einem Reifen abgelegt, spielt sie im Anschluss mit dem Gegenstand, der vorher in dem Reifen lag, weiter. Sobald der aktuelle Spielball abgelegt wurde, darf auch die gegnerische Mannschaft den neuen Gegenstand aufnehmen und kann so einen „Ballgewinn" erzielen.

HINWEIS

- Verwendete Gegenstände: Handball, Handball ohne Luft, Fußball ohne Luft, Frisbee, Leibchen, Hütchen, Football, Tennisball.

IN DIE TIEFE

ÜBERZAHL HERAUSSPIELEN

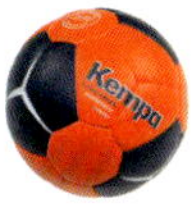

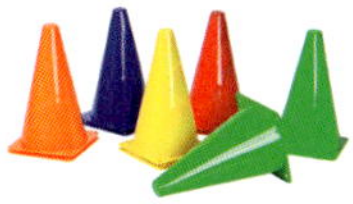

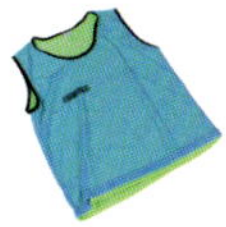

Räume erkennen und nutzen	Wurf unter Gegnerbehinderung	

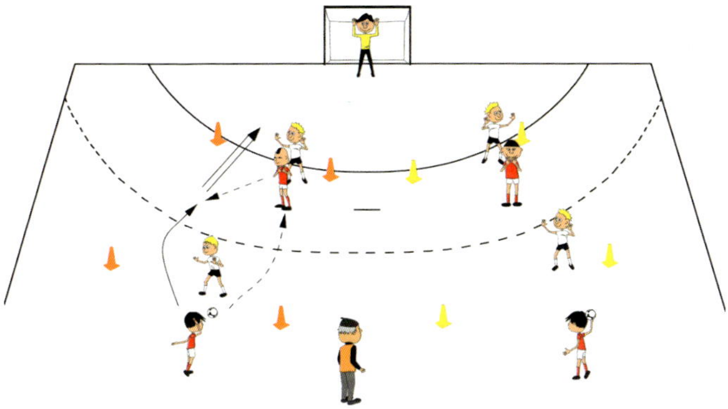

SPIELIDEE / ABLAUF

Es werden zwei Spielsektoren mit Hütchen markiert. In jedem Sektor befindet sich ein Kreisspieler mit jeweils einem Abwehrspieler. Außerdem gibt es pro Sektor einen offensiven Abwehrspieler, der den Raum zwischen 9 m und 12 m verteidigt. Die restlichen Spieler verteilen sich gleichmäßig auf der Rückraum-Links- und Rückraum-Rechts-Position (ein Torhüter geht ins Tor). Alle Rückraumspieler haben einen Ball. Es wird abwechselnd im linken und danach im rechten Sektor gespielt. Auf der Rückraum-Mitte-Position befindet sich ein Anspieler. Nach einem Doppelpass mit dem Anspieler spielt Rückraum-Links einen Pass zum Kreisspieler, der sich von seinem Abwehrspieler löst. Rückraum-Links umläuft mithilfe von Lauftäuschungen den offensiven Abwehrspieler und bietet sich zum Doppelpass an. Da der offensive Abwehrspieler nur zwischen 9 m und 12 m verteidigen darf, spielen Rückraum-Links und der Kreisspieler den Angriff im 2:1 aus und schließen mit einem Torwurf ab.

VARIATIONEN

Freies Spiel im 2:2, beide Abwehrspieler dürfen im ganzen Sektor verteidigen, müssen aber die offensive Anfangsaufstellung einhalten.

HINWEIS

- Zu Beginn sollte der defensive Abwehrspieler den Pass zum Kreisspieler nicht stören und der offensive Abwehrspieler sollte nur halbaktiv verteidigen. Je besser die Angreifer werden, desto aktiver können die Abwehrspieler agieren.

HOCH ODER WEIT

TORWURF

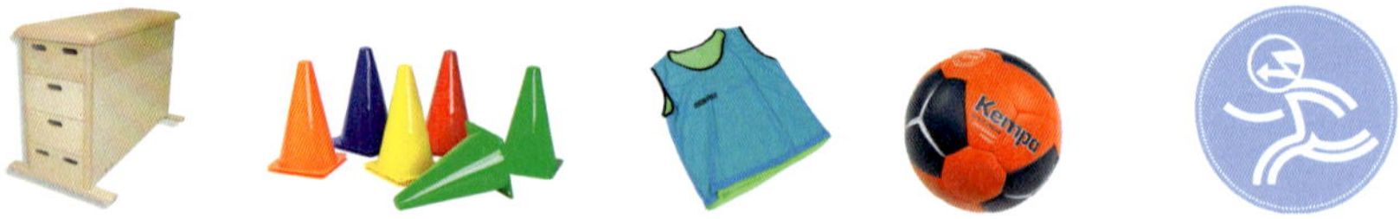

Wurfauswahl	Schlag- und Sprungwurf	Wurfpräzision

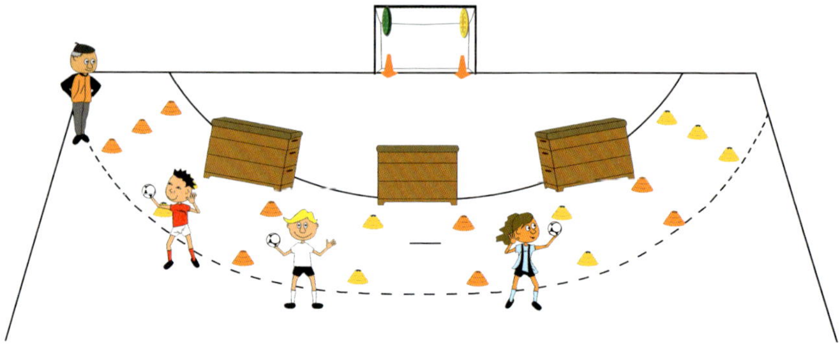

SPIELIDEE / ABLAUF

Es werden große Kästen und Hütchen gemäß Abbildung aufgebaut. Im Tor stehen zwei Hütchen und in den oberen Ecken hängt jeweils ein Leibchen. Die Kinder können die Übung einzeln nacheinander durchführen oder es starten bis zu drei Kinder in kurzen Abständen nacheinander. Jedes Kind hat einen Ball und bewegt sich mit dem Rücken zum Tor im Sidestep an der Freiwurflinie entlang. Auf Pfiff des Trainers machen die Kinder einen beidbeinigen Sprung um 180° und müssen nun schnell erkennen, in welcher Bahn sie stehen. Steht ein Kasten vor ihnen, erfolgt ein Sprungwurf in die Höhe; ist der Weg zum Tor frei, erfolgt ein Sprungwurf in die Weite durch die Kästen hindurch. Die Kinder versuchen, die Ziele im Tor zu treffen.

HINWEIS

- Vor dem Wurf über den Kasten sollte nicht mehr geprellt werden. Vor dem Sprung durch die Kästen darf der Ball einmal getippt werden.
- Die Übung kann gut in einen Rundlauf eingebaut werden, in dem die Kinder weitere Stationen absolvieren, bevor sie sich wieder anstellen.

VARIATIONEN

- Direkt nach dem Pfiff können Wurfziele angesagt werden, z. B. hoch oder tief, rechts oder links oder die Farbe des Leibchens oder Hütchens, welches getroffen werden soll.
- Fortgeschrittene können anstelle des hohen Sprungwurfs über den Kasten einen Hüftwurf am Kasten vorbei durchführen.

ZONENTORE

TORWURF

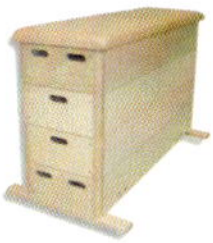 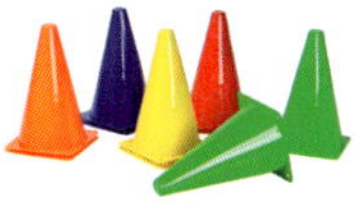 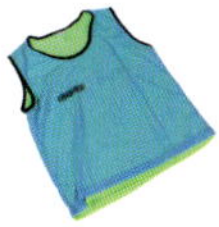

Wurfauswahl

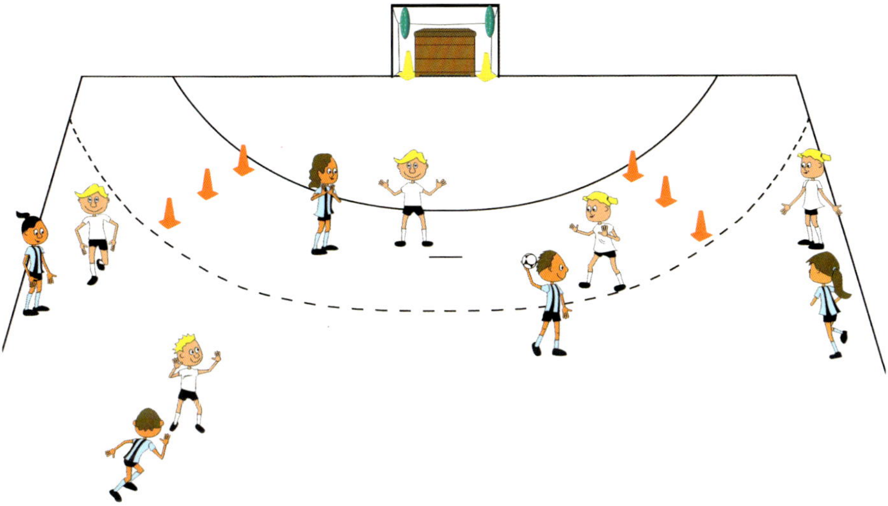

SPIELIDEE / ABLAUF

Auf dem Handballfeld spielen zwei Mannschaften Handball gegeneinander (fünf bis sechs Spieler pro Mannschaft). Das Spielfeld wird in drei Wurfzonen geteilt (siehe Abb.). Es entsteht eine breite Mittelzone und zwei schmale Seitenzonen. In das Tor werden ein großer Kasten und zwei Hütchen gestellt. Außerdem werden in die oberen Ecken Leibchen gehängt. Je nach Position ergeben sich unterschiedliche Ziele, auf die geworfen wird. Wirft ein Spieler aus der Seitenzone, so muss er das Tor in der langen Ecke neben dem Kasten treffen. Bei einem Wurf aus der Mittelzone zählen Tore nur, wenn ein Leibchen oder ein Hütchen getroffen wird.

HINWEIS

- Werden bei einem Wurf aus der Seitenzone ein Leibchen oder Hütchen getroffen, zählt das Tor doppelt. Den Kindern soll verdeutlicht werden, dass sich bei einem Wurf von der Außenposition ihre Trefferchancen erhöhen, wenn sie nach einem weiten Sprung Richtung 4 m Markierung aufs Tor werfen.
- Die Würfe aus der Mittelzone erfolgen eher aus einem Sprung- oder Schlagwurf.

WECHSEL-TORWART

TORWURF

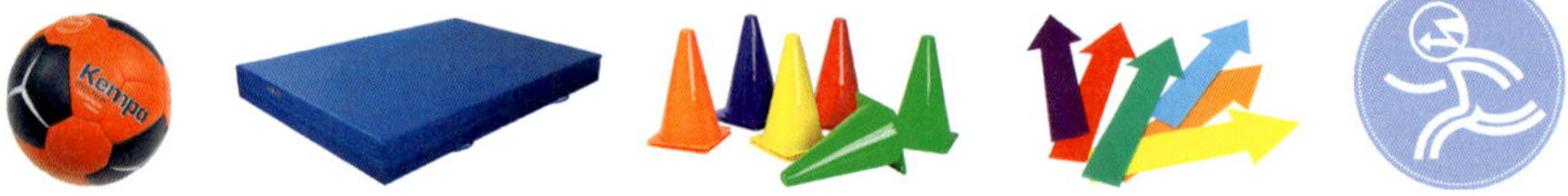

Torwartbewegung erkennen	Wurfauswahl	

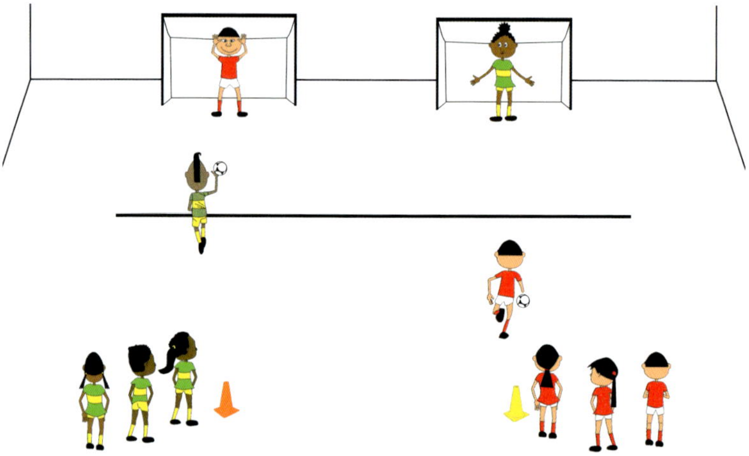

SPIELIDEE / ABLAUF

Es treten zwei Mannschaften in einem Wettkampf auf Zeit gegeneinander an. Hierzu werden an die Querseite der Halle zwei Tore oder alternativ zwei Weichböden nebeneinandergestellt. Vor den Toren stellen sich die Spieler der jeweiligen Mannschaften in einer Reihe hintereinander auf. Der erste Spieler jeder Mannschaft hat einen Ball. Im Tor steht jeweils ein Spieler der gegnerischen Mannschaft. Auf ein Startsignal prellt der erste Spieler zur vorher festgelegten Markierung und wirft aufs Tor. Danach holt der Werfer seinen Ball und passt ihn dem nächsten Spieler in der Reihe. Jeder Spieler zählt seine Treffer. Auf ein Signal des Trainers wechselt der Torwart umgehend mit einem Spieler seiner Mannschaft. Das Spiel läuft währenddessen weiter. Gewonnen hat die Mannschaft mit den meisten Treffern.

HINWEIS

- Es wird vorher festgelegt, in welcher Reihenfolge die Kinder ins Tor wechseln.
- Der Wechsel erfolgt außerhalb des Torraums, damit nicht zwei Kinder gleichzeitig im Tor sind.
- Die Kinder sollen möglichst schnell erkennen, wenn sich gute Wurfgelegenheiten ergeben und die entsprechend erfolgsversprechende Wurfart wählen sowie freie Ecken erkennen und ausnutzen.

WO IST DER TORWART?

TORWURF

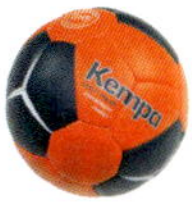

Torwartbewegung erkennen	Wurfauswahl	

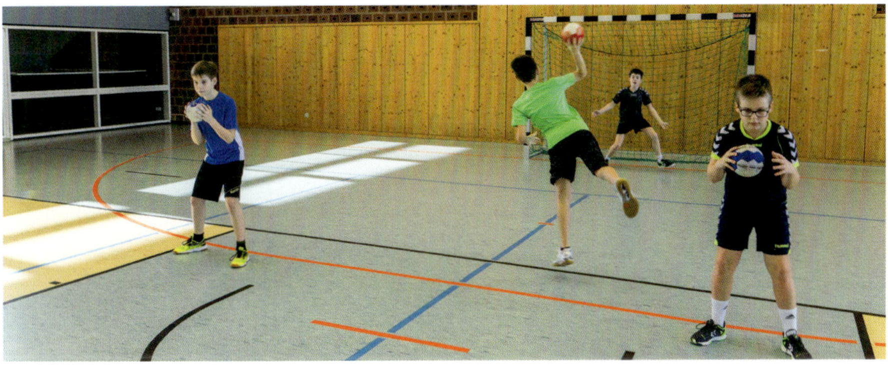

SPIELIDEE / ABLAUF

Ein Kind steht im Tor, drei Kinder verteilen sich am Torraum. Sie stehen mit dem Rücken zum Tor und haben jeweils einen Ball in der Hand. Der Torhüter macht Abwehrbewegungen in die Ecken des Tors nach einer vorgegebenen Reihenfolge (z. B. oben links, unten links, oben rechts, oben links, unten rechts und wieder von vorne). Der Torhüter ruft eins der drei Kinder mit Namen. Das entsprechende Kind dreht sich um und springt sofort ab zum Sprungwurf. Es muss in eine freie Ecke werfen. Die Bälle werden wieder zurückgeholt, wenn alle Kinder geworfen haben.

VARIATIONEN

- Der Torhüter bewegt sich gleichmäßig zwischen zwei Stangen hin und her. Der Werfer muss sich nur zwischen linker und rechter Ecke entscheiden und wirft als Aufsetzer durch die Stangen.
- Die Werfer stehen ungefähr sieben Meter vom Tor entfernt. Nach dem Umdrehen wird ein Stemmschritt ausgeführt und der Wurf erfolgt aus dem Schlagwurf.
- Kommt der Torhüter im Moment des Absprungs eines Werfers nach vorne gelaufen, muss ein Heber geworfen werden.

HINWEIS

- Haben die Torhüter Probleme, sich die Reihenfolge zu merken und gleichzeitig Namen zu rufen, kann der Trainer das Signal geben.
- Man kann mehrere Gruppen auf die Tore und/oder Weichboden- oder Stangentore verteilen.

DOPPELTORHANDBALL

TORWURF

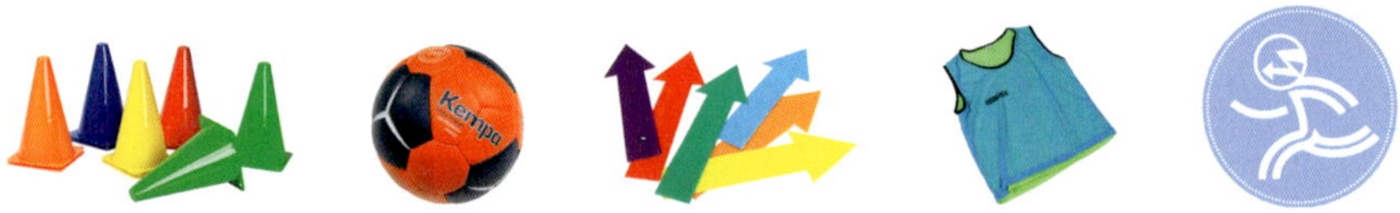

Torwartbewegung erkennen	Räume erkennen und nutzen	Abwehrtäuschungen

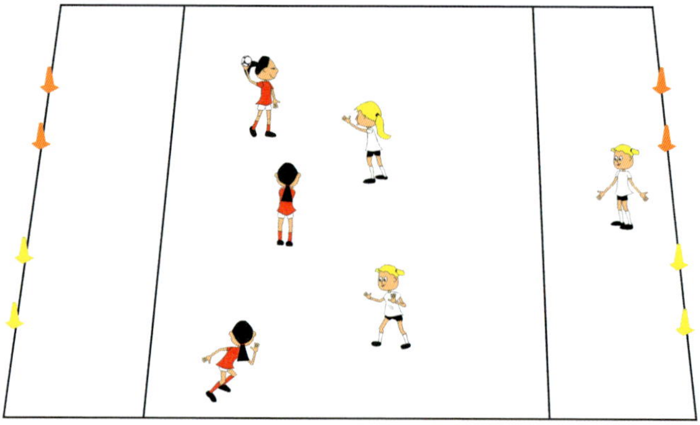

SPIELIDEE / ABLAUF

In einem Hallendrittel stehen an der Stirnseite jeweils zwei ca. 1–2 m breite Hütchentore mit einem Abstand von 2–3 m zueinander. Vor den Toren befindet sich eine Wurflinie im Abstand von ca. 5 m zu den Torlinien. Zwei Mannschaften mit je drei Spielern spielen nach Handballregeln gegeneinander. Die ballbesitzende Mannschaft spielt mit drei Angreifern, die abwehrende Mannschaft agiert mit zwei Abwehrspielern im Feld und einem Torhüter im Torraum, der beide Tore verteidigt. Die angreifende Mannschaft hat ein Tor erzielt, wenn der Ball als Aufsetzer in einem der beiden Tore die Torlinie überschreitet. Es darf nicht geprellt werden. Nach dem Torwurf spielt der Torhüter den Ball zu einem Mitspieler und verlässt als dritter Angreifer den Torraum. Von der bisherigen ballbesitzenden Mannschaft geht ein Spieler als Torhüter in den Torraum und die beiden anderen Spieler werden Abwehrspieler.

VARIATIONEN

Die Mannschaften bestehen aus je vier Spielern, wobei die Torhüter nicht im Angriff mitspielen dürfen. Ziel des Spiels ist es, als erste Mannschaft fünf Tore zu erzielen. Fällt ein Tor, verlässt der Torschütze das Feld und seine Mannschaft spielt in Unterzahl weiter. Erzielt die Mannschaft in Überzahl ein Tor, wird in Gleichzahl weitergespielt, indem der Gegner sein Team wieder auffüllen darf. Gelingt jedoch der Unterzahl-Mannschaft ein Treffer, hat sie das Spiel vorzeitig gewonnen.

FELDERWECHSEL

UMSCHALTEN / RÜCKZUG

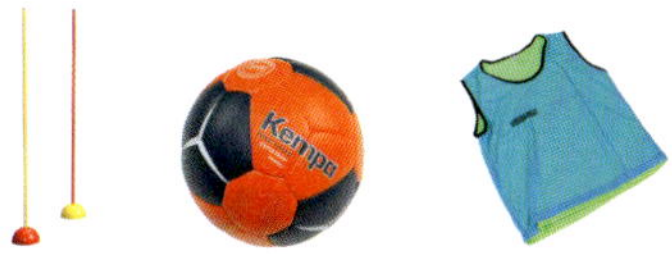

Orientierung zum Ball und Gegenspieler	Räume erkennen und nutzen	

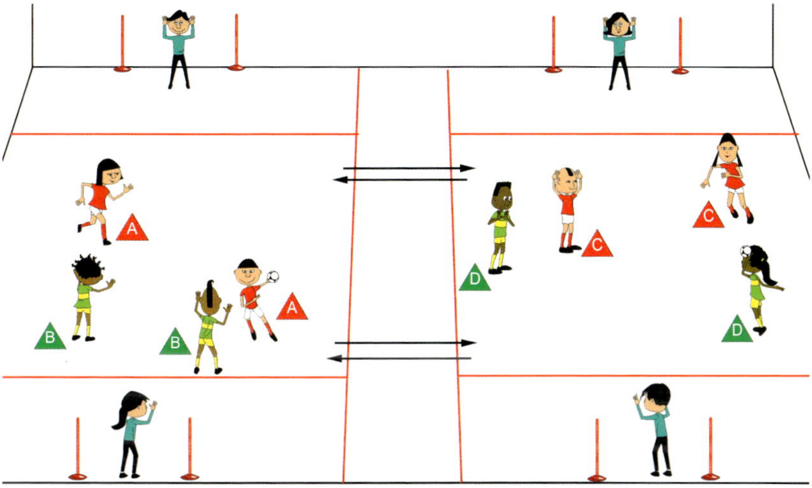

SPIELIDEE / ABLAUF

In der Halle werden zwei Querfelder aufgebaut. Auf Feld eins spielt Team A gegen B, auf Feld zwei spielt Team C gegen D (2:2 oder 3:3). Gespielt wird entweder auf Stangentore (Torwürfe nur als Aufsetzer) oder auf kleine Handballtore (oder Hockeytore). Die Torhüter werden im Laufe des Spiels durchgewechselt. Auf Signal des Trainers werden folgende Aktionen durchgeführt:

1. Pfiff: die Mannschaften B und D wechseln die Felder und müssen sich sofort neu orientieren.
2. Verbales Kommando „Hepp“: A und C wechseln die Felder.

Die Torhüter bleiben in ihrem Tor (kein Spielfeldwechsel).

VARIATIONEN

Für größere Gruppen: Das Kind, das ein Tor erzielt hat, wechselt das Feld und spielt dort im Team derselben Leibchenfarbe weiter. Es findet kein Spielfeldwechsel ganzer Mannschaften statt.

HINWEIS

- Muss die ballbesitzende Mannschaft das Feld wechseln, wird der Ball sofort abgelegt und das Spiel läuft ohne Unterbrechung weiter.

ÜBERRASCHUNGSGEGNER (Schubert & Späte, 2009)

UMSCHALTEN / RÜCKZUG

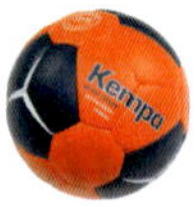

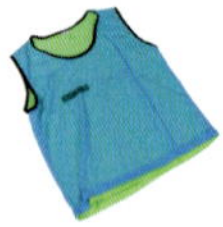

Orientierung zum Ball und Gegenspieler	Räume eng machen	Räume erkennen und nutzen

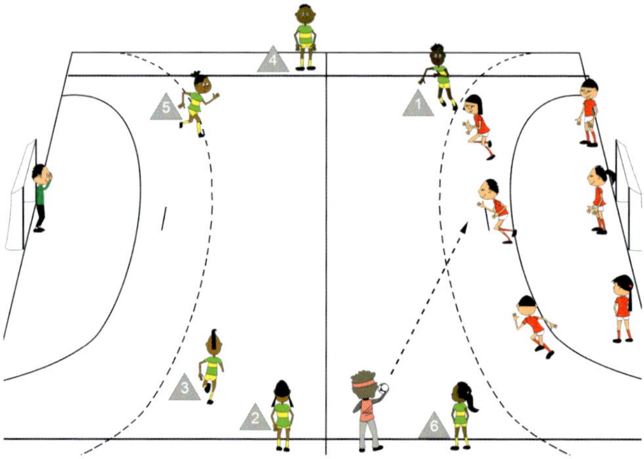

SPIELIDEE / ABLAUF

Es werden zwei Mannschaften gebildet. Die Spieler der Mannschaft A (gelb/grün) stellen sich auf beiden Seiten am Spielfeldrand auf und werden durchnummeriert. Drei Spieler der Mannschaft B (rot) starten einen Angriff auf das gegnerische Tor, nachdem der Trainer eine oder mehrere der vorher vergebenen Zahlen gerufen hat. Die betreffenden Spieler der Mannschaft A laufen als Abwehrspieler ins Feld. Der Trainer bringt mit einem Pass zur angreifenden Mannschaft den Ball ins Spiel. Die Anzahl der Spieler wird so variiert, dass immer wieder neue Überzahl-, Unterzahl- oder Gleichzahlverhältnisse entstehen. Da die Abwehrspieler entlang der Seitenlinie warten, entstehen in der Tiefe immer unterschiedliche Spielsituationen. Die Gruppen wechseln nach einer festgelegten Anzahl von Angriffen.

HINWEIS

- Es kann mit und ohne Prellen gespielt werden.

VARIATIONEN

- Der Trainer variiert den Zeitpunkt des Anspiels so, dass unterschiedliche Situationen entstehen.
- Die Angreifer dürfen nur einmal tippen, so dass sie sich ohne Ball freilaufen müssen.

ZONENBALL

UMSCHALTEN / RÜCKZUG

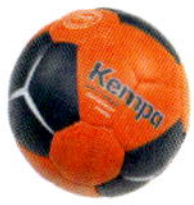
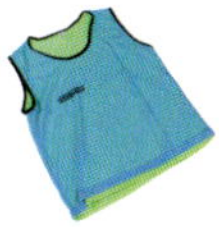

Orientierung zum Ball und Gegenspieler	Passwege erkennen	Räume eng machen

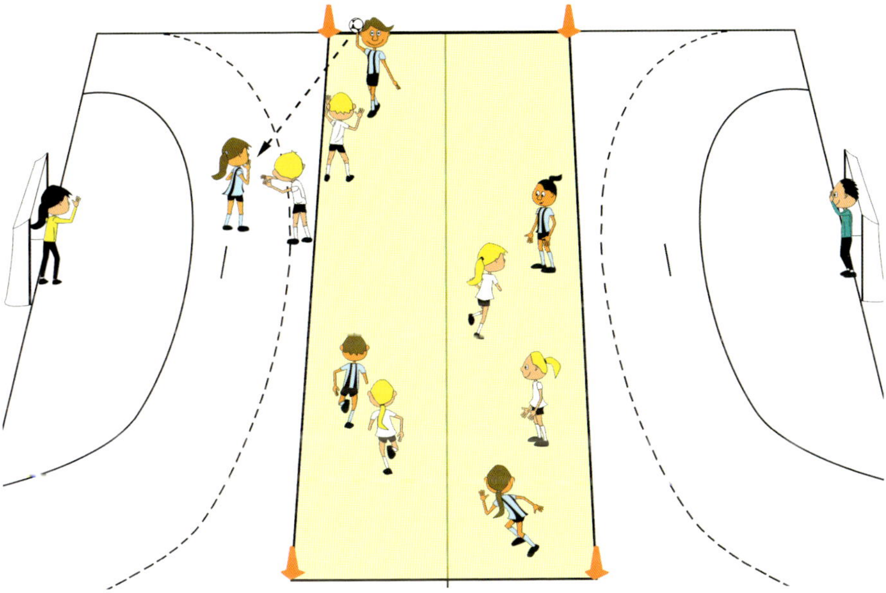

SPIELIDEE / ABLAUF

Es werden zwei Mannschaften gebildet. In jedem Tor steht ein Torhüter. Das Spielfeld wird mit Hütchen in drei Zonen unterteilt. Es entstehen eine große Mittelzone (gelb markiert) und zwei kleine Außenzonen. Die beiden Mannschaften spielen in der Mittelzone Parteiball gegeneinander. Gelingt es einer Mannschaft, fünf Pässe hintereinander in den eigenen Reihen zu spielen, darf sie einen Angriff auf eines der beiden Tore starten. Bei Torerfolg oder Ballverlust bekommt die gegnerische Mannschaft den Ball und das Spiel beginnt von neuem in der Mittelzone.

VARIATIONEN

Tore zählen nur, wenn sich alle Angreifer außerhalb der Mittelzone befinden.

HINWEIS

- Die Torhüter sind neutral.

VERFOLGUNG

UMSCHALTEN / RÜCKZUG

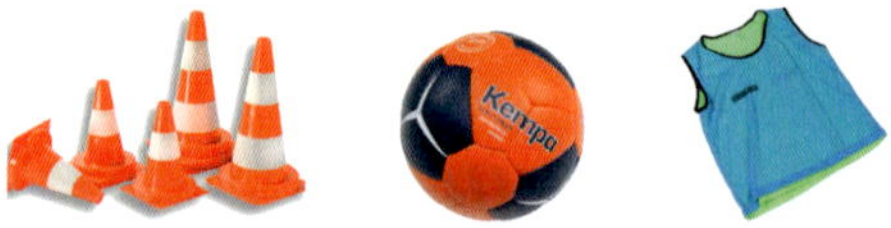

Orientierung zum Ball und Gegenspieler	Überzahl herausspielen	Antrittsschnelligkeit

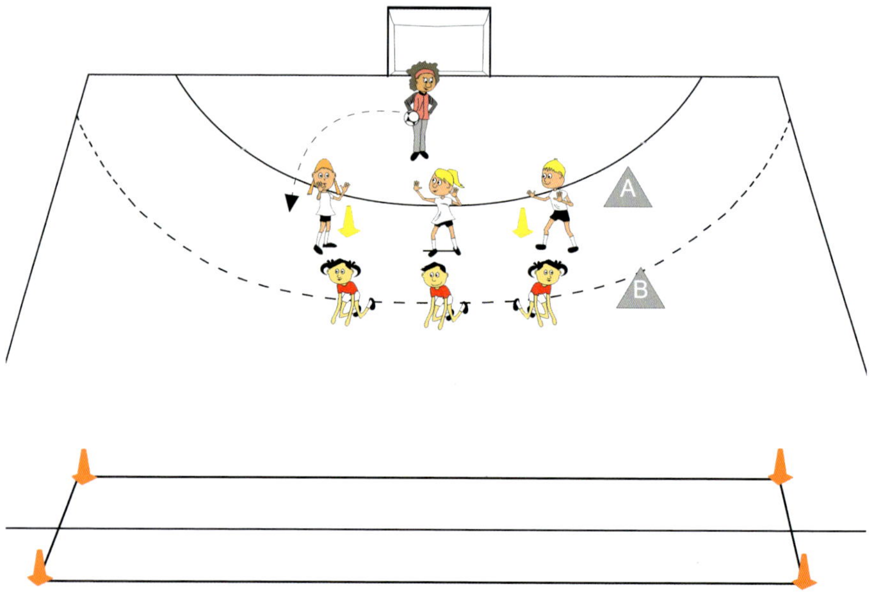

SPIELIDEE / ABLAUF

Drei Spieler stehen vor dem Torraum mit dem Rücken zum Tor (Team A). Links und rechts befindet sich jeweils ein Hütchen, um die die Spieler einen Achterlauf absolvieren. Auf der Freiwurflinie sitzen (oder knien) drei Spieler mit dem Rücken zum Tor (Team B). Auf Signal des Trainers wird Team A zu Angreifern und Team B zu Verteidigern. Die Angreifer bekommen einen Pass vom Trainer und versuchen, den Ball in einem Zielfeld hinter der Mittellinie abzulegen. Die Angreifer dürfen nicht prellen. Es sind drei Schritte mit dem Ball erlaubt. Die Verteidiger müssen sich schnell zuordnen und versuchen, den Ball abzufangen oder Fehler des Gegners zu provozieren.

HINWEIS

- Die Angreifer dürfen ihre Laufwege frei wählen.

VARIATIONEN

Die Angreifer dürfen den Ball prellen.

REIFENMANNSCHAFTSWECHSEL

BALL EROBERN / TORWURF VERHINDERN

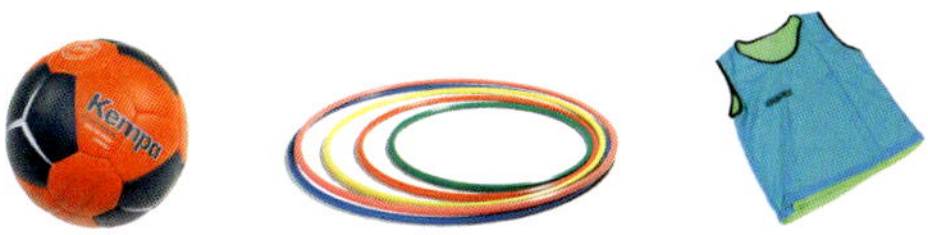

Passwege erkennen	Orientierung zum Ball und Gegenspieler	

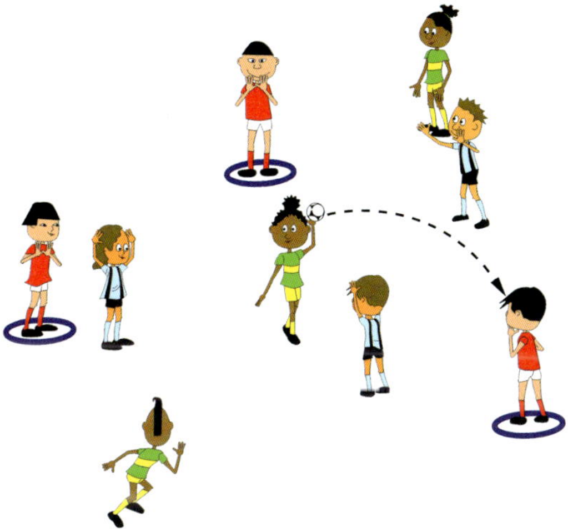

SPIELIDEE / ABLAUF

Es werden drei Mannschaften gebildet mit jeweils drei Spielern. In einem Spielfeld werden drei Reifen ausgelegt, in die sich eine der drei Mannschaften stellt. Die anderen beiden Mannschaften kämpfen um den Ballbesitz. Die Mannschaft in Ballbesitz versucht, durch einen Pass zu einem Spieler in einem Reifen einen Punkt zu erzielen. Bei einem Punktgewinn wechselt die erfolgreiche Mannschaft in die Reifen. Die Mannschaft, die aus den Reifen kommt, muss zunächst drei Pässe spielen, bevor erneut gepunktet werden kann.

VARIATIONEN

Es müssen nach einem Wechsel aus den Reifen in das Spielfeld fünf Pässe gespielt werden, um die Chancen auf einen Ballgewinn für die abwehrende Mannschaft zu erhöhen.

HINWEIS

- Es kann auch mit Vierer- oder Fünferteams gespielt werden. Spielen die Kinder das Spiel zum ersten Mal, erleichtern kleine Teams das Verständnis für den Spielablauf.
- Die 3-Passregel gilt nur für die Mannschaft, die aus den Reifen ins Spielfeld wechselt.

RAUS HIER!

BALL EROBERN / TORWURF VERHINDERN

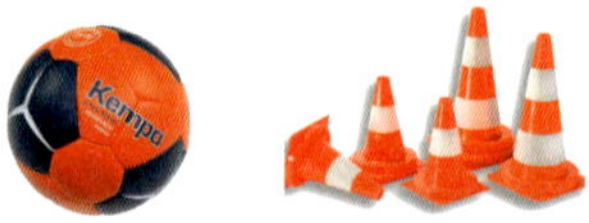

Passwege erkennen	Räume eng machen	Räume erkennen und nutzen

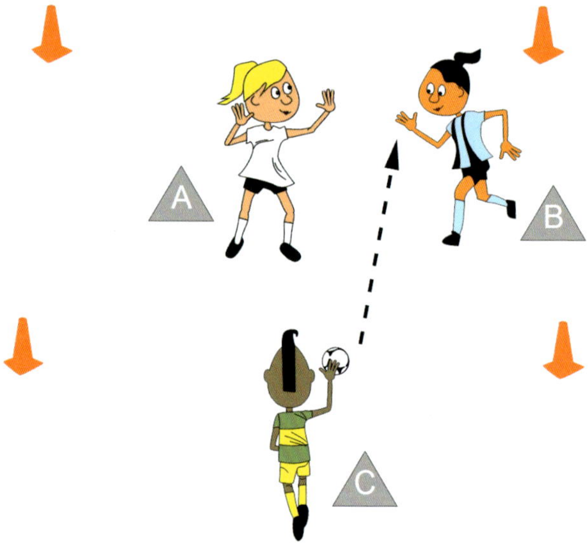

SPIELIDEE / ABLAUF

Die Spieler bilden Dreiergruppen. Jede Dreiergruppe markiert sich ein rechteckiges Feld (ca. 3 x 3 m). Ein Spieler steht im Feld als Abwehrspieler (A). Ein Angreifer (B) spielt seinem Mitspieler (C) einen Pass und erhält anschließend einen Rückpass im Feld.

HINWEIS

- Größere Räume erleichtern das Angriffsspiel, kleinere Räume das Abwehrspiel.

Ziel des Angreifers (B) ist es, das Feld mit dem Ball auf der gegenüberliegenden Seite zu verlassen. Der Abwehrspieler (A) versucht dies zu verhindern, indem er immer den direkten Weg von Spieler B zur Ziellinie zustellt und gleichzeitig versucht den Pass von Spieler C zu B zu unterbinden. Hat der Angreifer Erfolg oder wird er gezwungen, das Feld seitlich ohne Ball zu verlassen, bricht er den Angriffsversuch ab und startet eine neue Angriffsaktion. Mehrere Dreiergruppen spielen parallel.

WECHSELSCHWEINCHEN

BALL EROBERN / TORWURF VERHINDERN

Passwege erkennen	Räume eng machen	

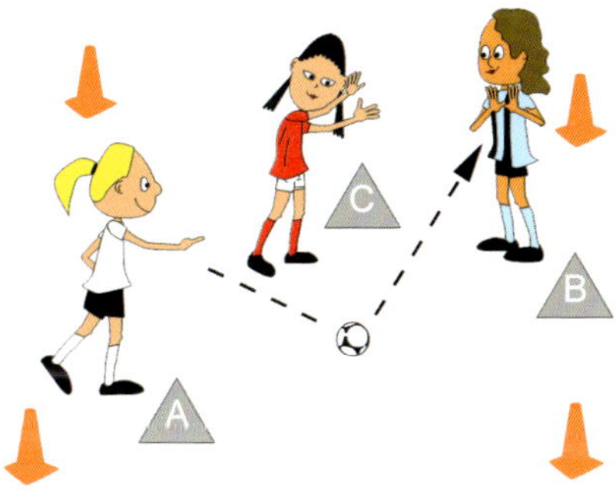

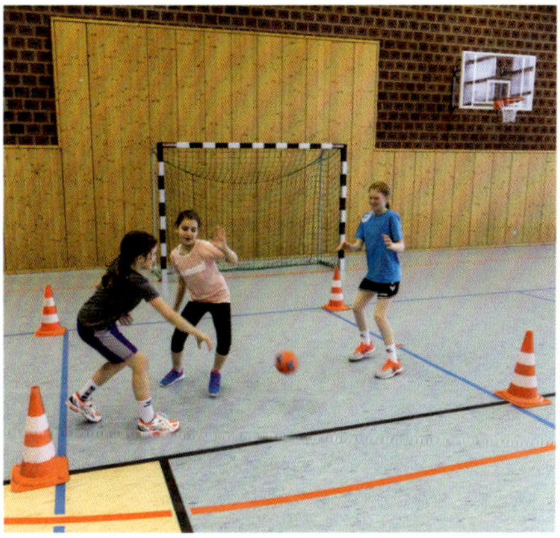

SPIELIDEE / ABLAUF

Gespielt wird zu dritt in einem relativ engen Rechteck. Es gibt eine feste Passreihenfolge (A → B → C → A ...). Wenn A zu B passt, muss C versuchen, den Ball abzufangen. Sobald B den Ball hat, muss B versuchen zu C zu passen und A fängt den Ball ab. Bekommt C den Ball, muss er zu A passen und B versucht, den Pass abzufangen. Für jeden abgefangenen Ball erhält der Abwehrspieler einen Punkt. Wird der Ball ins Aus gespielt oder nicht gefangen, ist dies ebenfalls ein Punkt für den Abwehrspieler. Dieser beginnt dann den nächsten Durchgang.

HINWEIS

- Die Spielform ist eher für ältere Kinder geeignet und sollte langsam eingeführt bzw. vorgemacht werden.
- Darauf achten, dass der nächste Durchgang immer erst beginnt, wenn allen Kindern ihre Aufgabe bzw. Rolle klar ist.
- Es darf nicht über Kopfhöhe gepasst werden.

VARIATIONEN

Wenn Bodenpässe vorgegeben werden, haben die Abwehrspieler mehr Zeit zu reagieren.

ZWEI AUFGABEN

BALL EROBERN / TORWURF VERHINDERN

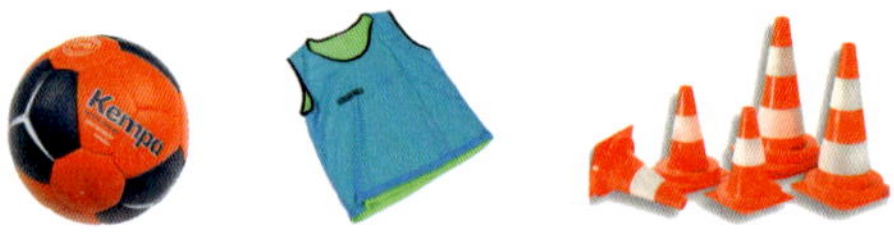

Passwege erkennen	Bälle rausprellen und abfangen	Räume erkennen und nutzen

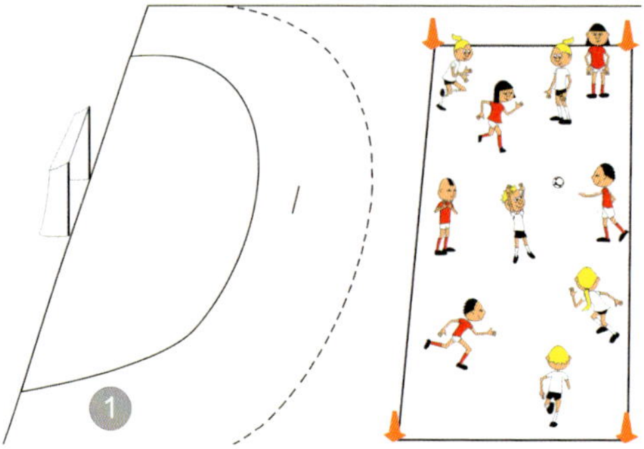

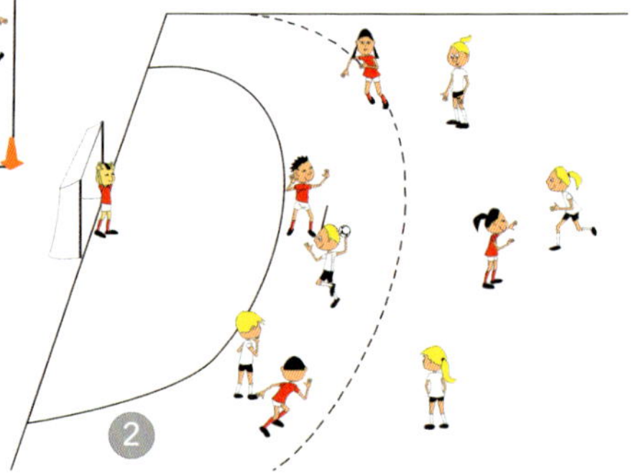

SPIELIDEE / ABLAUF

Zwei Mannschaften (fünf bis sieben Kinder pro Team) spielen gegeneinander auf einem Feld mit einem Tor. Die Mannschaften haben unterschiedliche Aufgaben. Mannschaft A (rot) versucht, in einem begrenzten Feld den Ball in den eigenen Reihen zu halten (Abb. 1). Gelingen fünf Pässe in Folge, zählt dies als ein Tor und die Mannschaft bleibt in Ballbesitz. Sobald Mannschaft B (weiß) den Ball erobert hat, läuft ein Spieler von Mannschaft A (rot) als Torhüter ins Tor. Mannschaft B (weiß) versucht, ein Tor zu erzielen, darf aber erst ab der Freiwurflinie aufs Tor werfen (Abb. 2). Nach einem Treffer von Mannschaft B (weiß) muss diese erst wieder die Mittellinie überspielen, bevor sie erneut angreift. Nach einiger Zeit tauschen die Rollen.

HINWEIS

- Eine klare Zuordnung der Spieler zu ihren Gegenspielern vereinfacht das Spiel.
- Die Feldgröße kann variiert werden

VARIATIONEN

Anzahl der Pässe steigern.

ALLES VERTEIDIGEN

BALL EROBERN / TORWURF VERHINDERN

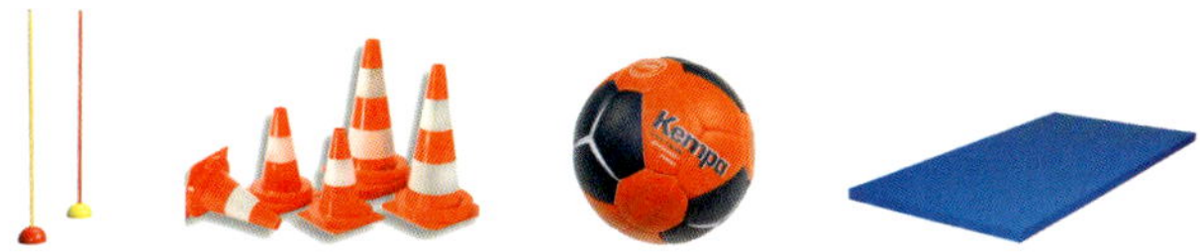

Räume eng machen	Passwege erkennen	Räume erkennen und nutzen

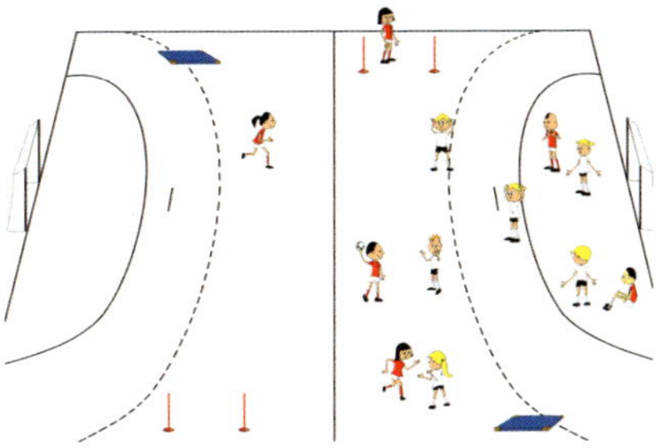

SPIELIDEE / ABLAUF

Zwei Mannschaften spielen nach Handballregeln gegeneinander, wobei nicht geprellt und Ballbesitzer nicht körperlich angegangen werden dürfen. Ziel ist es, den Ball im Torraum sitzend zu fangen und aus dem Sitzen ins Tor zu werfen. Ein Tor zählt zwei Punkte. Nach einem Treffer oder nachdem der Ball über die Torauslinie das Spielfeld verlassen hat, bekommt die abwehrende Mannschaft den Ball und setzt das Spiel fort. Während des Spielverlaufs können auf den Matten und an den Stangentoren Zusatzpunkte erzielt werden. Am Stangentor muss ein Aufsetzerpass durch das Tor zu einem Mitspieler erfolgen, um einen Punkt zu erhalten. An den Turnmatten kann ein Zusatzpunkt erzielt werden, indem ein Spieler mit dem Ball auf die Matte läuft (3-Schritt-Regel beachten). Die Matten dürfen mit Aufnahme von Körperkontakt in der Abwehrgrundposition verteidigt werden. Nach einem Zusatzpunkt bleibt die angreifende Mannschaft im Ballbesitz, darf aber nicht zweimal nacheinander am selben Ziel punkten.

HINWEIS

- Sind die Spieler mit der Anzahl der Handlungsoptionen überfordert, können die Stangentore zunächst weggelassen werden. Die Turnmatten werden Richtung Mittellinie verschoben.
- Die Tore werden den Mannschaften fest zugeordnet, alle Matten und Stangentore können jedoch von beiden Mannschaften genutzt werden.

VARIATIONEN

Die Ziele für die Zusatzpunkte können variiert werden: z. B. Basketballkörbe, Basketballbretter oder Hallenwände als Reboundfläche, große Kästen als Aufsetzer-Doppelpasspartner etc.

SCHATZSUCHE

BALL EROBERN / TORWURF VERHINDERN

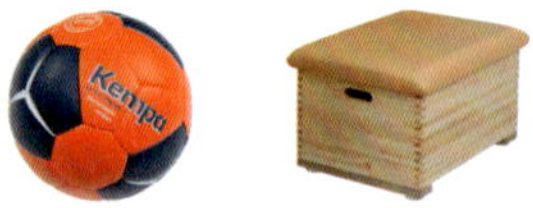

Räume eng machen	Orientierung zum Ball und Gegenspieler	Wurf unter Gegnerbehinderung

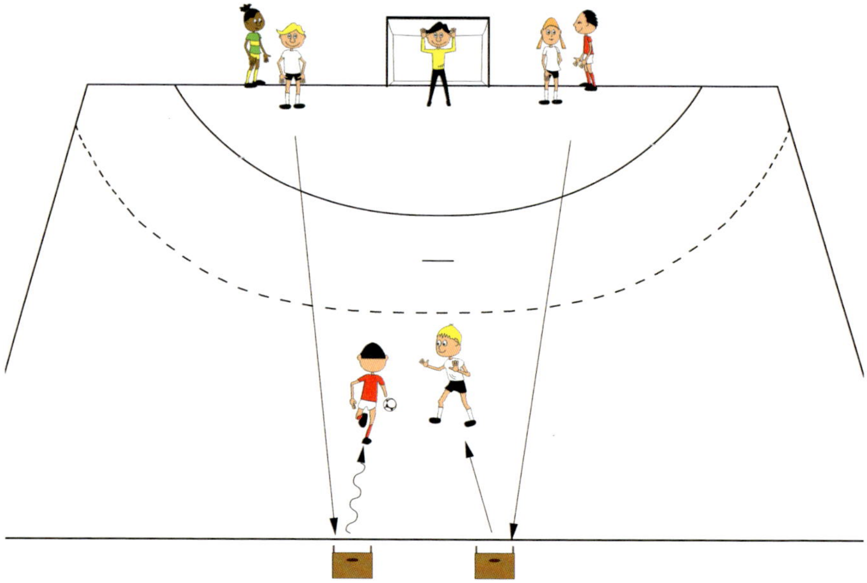

SPIELIDEE / ABLAUF

Die Kinder stellen sich in zwei Reihen neben dem Tor auf. Kurz hinter der Mittellinie stehen zwei kleine umgedrehte Kästen. In einem der beiden Kästen liegt ein Ball. Die ersten beiden Spieler stehen mit dem Rücken zur Mittellinie innerhalb des Torraums. Auf ein Signal sprinten beide Kinder Richtung Mittellinie und schauen, ob in ihrem Kasten der Ball liegt. Wer den Ball hat wird Angreifer, der andere wird Abwehrspieler. Es wird auf das Tor in der eigenen Hälfte gespielt. Ziel des Abwehrspielers ist es, den Angreifer in torungefährliche Räume abzudrängen und den Ball heraus zu prellen.

VARIATIONEN

In einem Kasten liegt ein Ball für den Angreifer, im anderen ein Schaumstoffbalken für den Abwehrspieler. Der Abwehrspieler muss versuchen, in eine gute Abwehrposition zwischen Tor und Gegenspieler zu kommen, um den Schaumstoffbalken zum Abdrängen des Angreifers nutzen zu können.

IN DIE BREITE

BALL EROBERN / TORWURF VERHINDERN

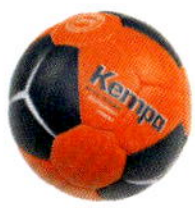
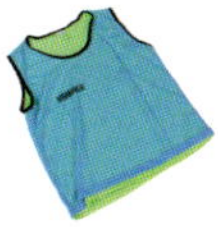

Räume eng machen	Räume erkennen und nutzen	Passwege erkennen

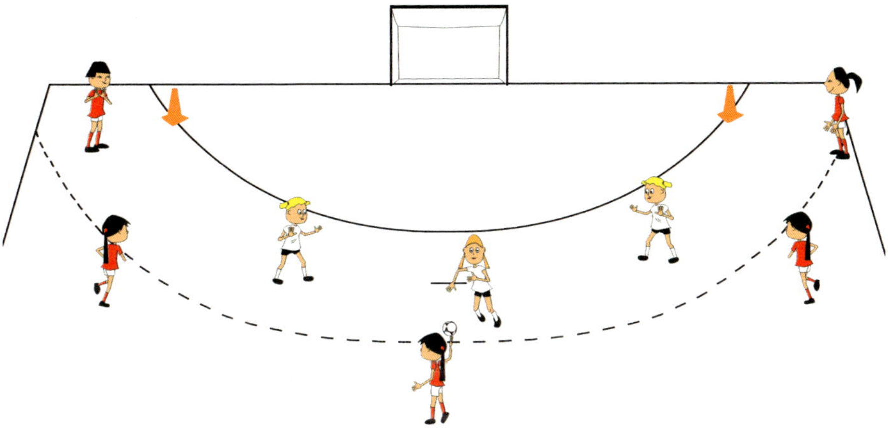

SPIELIDEE / ABLAUF

Es wird 5:3 auf ein Tor gespielt. Die Angreifer erhalten einen Punkt, wenn sie es schaffen, den Ball im Torraum abzulegen, ohne dabei von einem Abwehrspieler berührt zu werden. Der Ball darf nicht außerhalb der Hütchen im Torraum abgelegt werden. Die Abwehrspieler erhalten einen Punkt, wenn sie einen Pass abfangen oder einen ballbesitzenden Angreifer berühren.

VARIATIONEN

- Es wird ohne prellen gespielt.
- Es sind nur Pässe zur benachbarten Position erlaubt.

HINWEIS

- Der Trainer kann den Fokus entweder auf das Angriffsspiel in die Breite oder auf das antizipative Abwehrverhalten richten.
- Die Schwierigkeit kann gesteuert werden, indem die Hütchen enger oder weiter gestellt werden.
- Für jüngere Kinder kann ein 5:3 zu komplex sein, so dass kleinere Überzahlkonstellationen gewählt werden können.

OFFENES TOR

TORWURF ABWEHREN

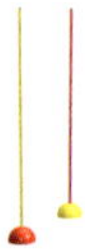

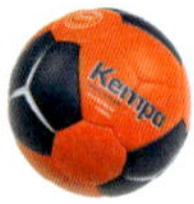

Stellungsspiel

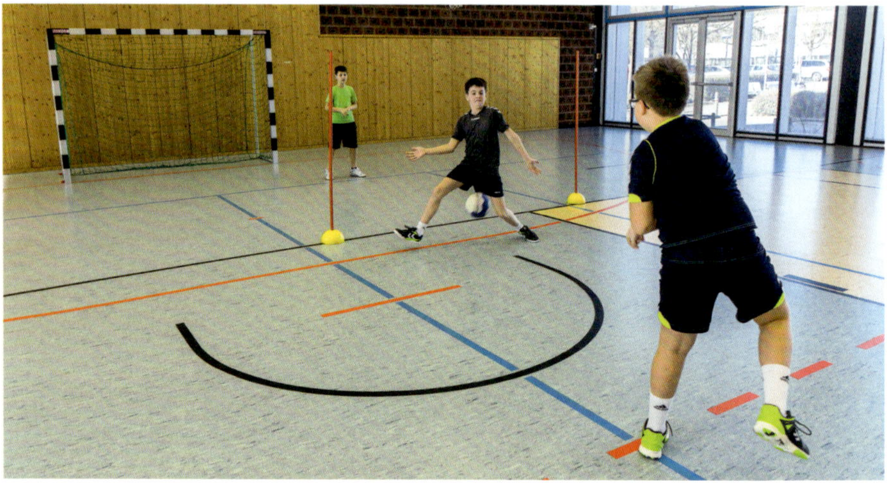

HINWEIS

- Abstand von Spieler A zum Torwart und Distanz zwischen den Stangen dem Leistungsstand anpassen.
- Auf die Technik der Torwartbewegung achten (so viel Körper hinter den Ball wie möglich, Aufdrehen des Fußes, Schrittsprungtechnik etc.).
- Torhüter sollte nicht Spieler A entgegenspringen, sondern möglichst beide Füße zum Zeitpunkt des Wurfs auf dem Boden haben, um eine aktive Bewegung zum Ball durchführen zu können.
- Abwehrbewegung mit dem ganzen Körper zum Ball ausführen

SPIELIDEE / ABLAUF

Der Torwart steht zwischen zwei Stangen. Vor ihm steht in etwa 5–6 m Abstand ein Spieler (A) mit einem Ball. Hinter den Stangen steht ebenfalls ein Spieler (B) ohne Ball. Ziel ist es für Spieler A (blau) den Ball zu Spieler B durch die Stangen zu werfen. Der Torwart stellt und bewegt sich so, dass er orthogonal zur potentiellen Wurfrichtung steht und den Pass abwehren kann.

VARIATIONEN

- Spieler A und Spieler B können sich bewegen.
- Spieler B kann mit Handzeichen die gewünschte Wurf- bzw. Passrichtung anzeigen

ZAUBERSCHNUR

TORWURF ABWEHREN

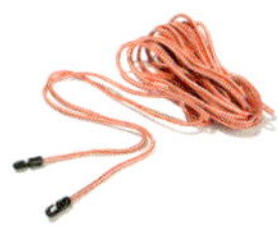

Stellungsspiel

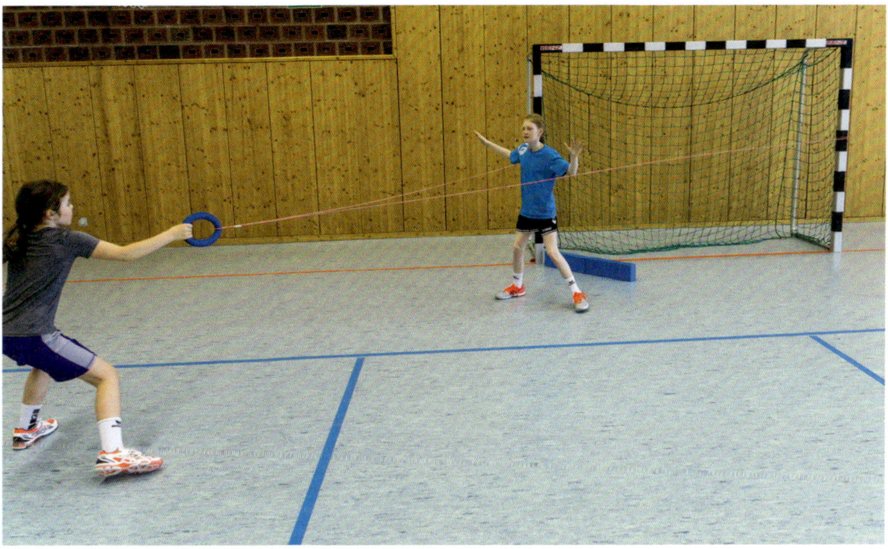

SPIELIDEE / ABLAUF

Ein Angriffsspieler hält mit seiner Wurfhand eine Zauberschnur, welche jeweils mit dem linken und dem rechten Pfosten verbunden ist. Der Torhüter bewegt sich vor dem Tor in der Grundposition so, dass er von der Zauberschnur nicht berührt wird. Der Angriffsspieler bewegt sich etwa 4 m vor dem Tor, sodass er Würfe von verschiedenen Positionen und Wurfwinkeln simulieren kann. Die Schaumstoffbalken vor dem Tor helfen dem Torhüter, sich in seiner Bewegungsrichtung so zu positionieren, dass seine Körperachse im rechten Winkel zur antizipierten Wurfrichtung steht.

HINWEIS

- Auf die Bewegung des Torhüters achten (kurze Sidesteps).
- Der Torwart sollte immer den Blick auf den Wurfarm gerichtet haben, um schnell auf Änderungen reagieren zu können.
- Wird durch die Zauberschnur ein Tennisring gefädelt, kann der Angreifer die Armposition schneller verändern, ohne dass die Schnur am Handgelenk scheuert.

BÄLLE PASSEN

TORWURF ABWEHREN

Stellungsspiel

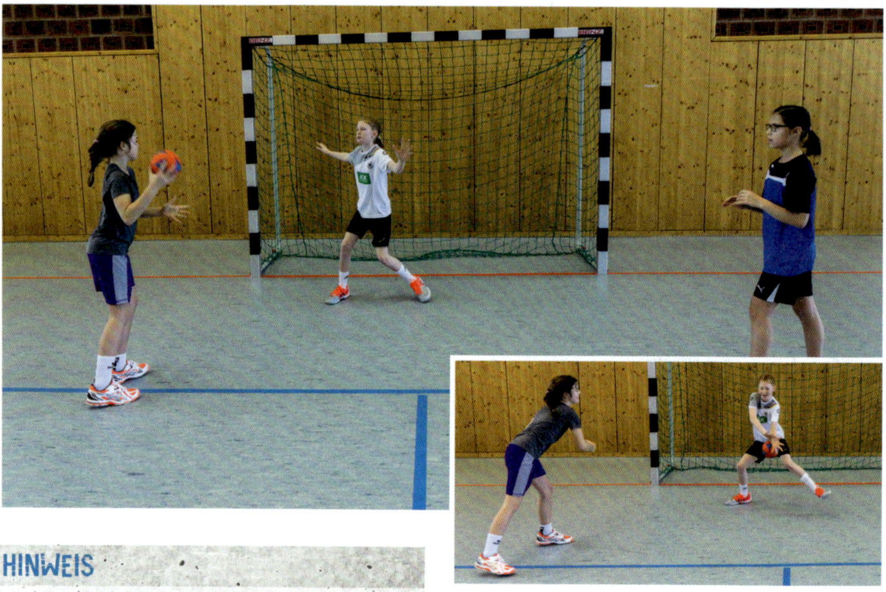

HINWEIS

- Abstand zum Tor und Abstand der passenden Spieler zueinander sowie Pass-Rückpassgeschwindigkeit dem Leistungsstand anpassen.
- Je nach Leistungsstand und Trainingsschwerpunkt kann gezielt in Ecken, auf Seiten oder frei geworfen werden (beispielsweise Bewegung gegen die Laufrichtung).
- Der Torhüter bewegt sich bogenförmig vor dem Tor und positioniert sich orthogonal zur antizipierten Wurfrichtung.
- Die Abwehrbewegung wird aktiv zum Ball ausgeführt.

SPIELIDEE / ABLAUF

Der Torwart steht in der Mitte des Tors. Vor ihm stehen zwei Spieler. Beide Spieler vor dem Tor passen sich einen Ball zu. Der Torhüter orientiert sich immer auf die Ballseite, geht jedoch nie den kompletten Weg mit. Nach vier bis sechs Pässen erfolgt ein Wurf auf das kurze Eck.

VARIATIONEN

Das Passen des Balls kann mit der Hand oder mit dem Fuß erfolgen. Somit kann beispielsweise ein Fallwurf durch einen Spieler simuliert werden.

9

BALLSCHULE HANDBALL

AUFWÄRMEN VOR DEM SPIEL

Die Ballschule Handball versteht sich in erster Linie als Hilfe für die Trainingsgestaltung im Kindesalter. Allerdings lohnt es sich, den Grundgedanken eines vielseitigen und entwicklungsgerechten Trainings weiterzudenken und auf die Gestaltung des Aufwärmprogramms vor einem Spiel zu übertragen. Es ist fast durchgehend zu beobachten, dass die Vorbereitung auf ein Spiel von der E-Jugend bis in den Erwachsenenbereich identisch ist. Folgender Ablauf scheint sich als Standard über Jahre etabliert zu haben:

- Bahnen laufen mit Aufgaben wie Armkreisen, Anfersen usw.
- Ausgiebiges Dehnen
- Pässe in Gassenaufstellung
- Torhüter einwerfen
- Positionswürfe
- Gegenstöße

Aus Sicht der Ballschule Handball ist kritisch zu hinterfragen, warum die beschriebenen spielrelevanten Bausteine mehr oder weniger unberücksichtigt bleiben. Üblich sind allenfalls ein Einbeziehen verschiedener Wurf- und Passarten sowie Übungen zur Laufkoordination. Zudem erscheint z. B. das vielfach praktizierte statische Dehnen nicht nur überflüssig, sondern im ersten Effekt sogar kontraproduktiv, was die Schnelligkeits-/Schnellkraftleistungen angeht.
Gemessen an den Anforderungen im Spiel wäre folgender Aufbau für eine E-Jugend wesentlich sinnvoller.
Die Ballschule Handball möchte kein konkretes Aufwärmprogramm für verschiedene Alters-/Niveaustufen vorgeben, sondern dazu anregen, die Erwärmung den altersspezifischen Anforderungen im Spiel anzupassen und tradierte Programme zu hinterfragen.

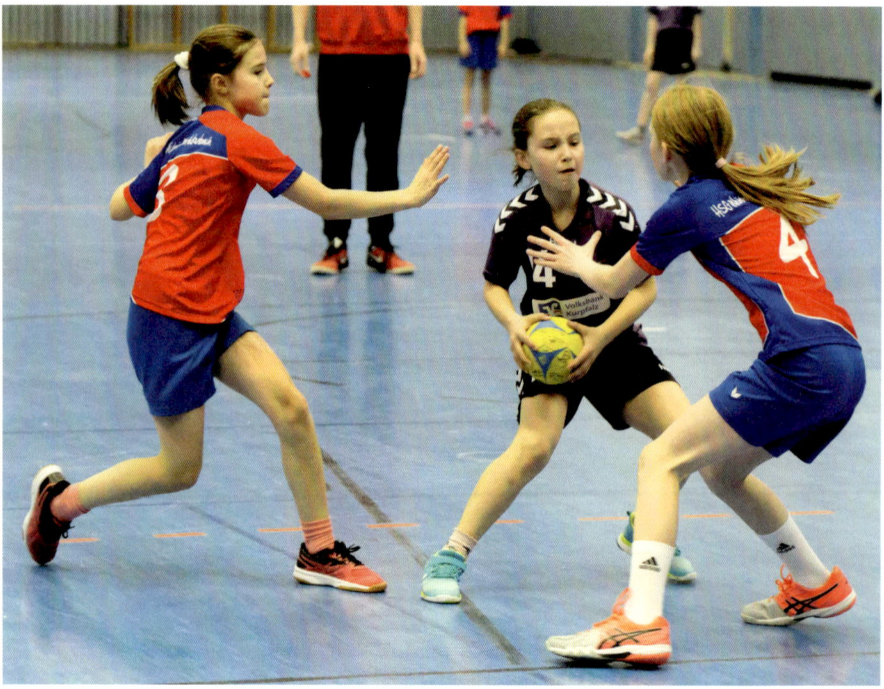

SPIELFORM

Beispiel Linienball

Zwei Mannschaften spielen gegeneinander. Die Seitenauslinien der eigenen Spielfeldhälfte dienen als Endlinien. Ziel des Spiels ist es, zu einem Mitspieler zu passen, der hinter der gegnerischen Endlinie steht. Vorgaben: Manndeckung, Prellen ist nicht erlaubt.

Basiskompetenzen: Prellen, Passen und Fangen in der Bewegung, Räume erkennen und nutzen, Orientierung zum Ball und Gegenspieler und Bälle rausprellen und abfangen.

TORWÜRFE UND TORHÜTER EINWERFEN

Beispiel Täuschungen

Auf Torpfostenhöhe links und rechts werden zwei Reihen gebildet. Die Kinder werfen abwechselnd von beiden Seiten nach einer Lauf- oder Körpertäuschung mit Schlag- oder Sprungwurf gemäß Zielvorgabe aufs Tor.

Basiskompetenzen: Lauf- und Körpertäuschung, Schlag- und Sprungwurf, Torwartgrundbewegung.

Beispiel Koordination

Die Kinder laufen nach verschiedenen Vorgaben durch eine Koordinationsleiter oder Reifenbahn, spielen danach einen Doppelpass und werfen gemäß Zielvorgabe aufs Tor.

Bausteine: Laufkoordination, passen und fangen in der Bewegung, Schlag- und Sprungwurf, Torwartgrundbewegung.

WETTKAMPFNAHES INDIVIDUAL- ODER GRUPPENTAKTISCHES VERHALTEN

Beispiel 1:1 nach Pässen

Zweiergruppen spielen sich im Abstand von ca. 2 m den Ball zu und bewegen sich im Sidestep parallel zur Mittellinie. Der Spieler mit Blick zum Tor entscheidet, wann er zum Angriff startet und versucht sich dann im 1:1 durchzusetzen. Der Partner versucht, dies zu verteidigen. Die anstehenden Zweiergruppen spielen fortlaufend Pässe.

Basiskompetenzen: Prellen in der Bewegung, Lauf- und Körpertäuschungen, Räume erkennen und nutzen, Schlag- und Sprungwurf, Torwartbewegungen erkennen, Bälle rausprellen, Abwehrgrundposition einnehmen.

BALLSCHULE HANDBALL

VERLETZUNGS-PROPHYLAXE

Sabrina Erdrich

Handball gehört zu den verletzungsträchtigsten Spielsportarten besonders mit Blick auf den Bewegungsapparat. Das hohe Spieltempo in Kombination mit schnellem Abstoppen und Richtungswechseln sowie komplexen Sprung- und Landemanövern erfordern, dass der heranwachsende Körper hohe Belastungen sicher abfangen kann.

Die Bedeutung einer zielgerichteten Verletzungsprophylaxe wird in der derzeitigen Praxis des Kinderhandballs häufig unterschätzt. Der kindliche Organismus verletzt sich zwar wenig, mit Beginn der Pubertät verändert sich dies jedoch rasant. Ab 12 Jahren nimmt beispielsweise das Risiko für vordere Kreuzbandverletzungen deutlich zu (LaBella et al., 2014). Studien zeigen, dass hier weniger der Gegnerkontakt das Problem ist als vielmehr eine ungünstige Landebiomechanik in Kombination mit einer mangelhaften neuromuskulären Kontrolle (landen ohne Abrollverhalten des Fußes mit relativ gestrecktem Kniegelenk, X-Beinposition, Oberkörper „out-of-center") (LaBella et al., 2014). Die Zeit des Wachstumsschubs ist einerseits mit Einbußen in der allgemeinen Bewegungskoordination verbunden, da der aktive Teil des Bewegungsapparates, wie Muskel- und Sehnenstrukturen, dem Längenwachstum nicht schnell genug folgen können. Andererseits ist der motorische Lernzuwachs der Kinder- und Jugendlichen in dieser Zeit extrem hoch.

Möchte man den Körper optimal auf die Belastungen in der Pubertät vorbereiten, macht es Sinn, den Grundstein für eine saubere Beinachsen- und Oberkörperkontrolle sowohl in der Statik, als vor allem auch in der Dynamik schon im Kindesalter zu legen. Je früher gezielte funktionelle Koordinations- und Stabilisationsübungen in das Training integriert werden, desto einfacher gelingt der Transfer der neuromuskulären Kontrolle in sportartspezifische Risikosituationen wie abruptes Abstoppen, Richtungswechsel und Landungen nach Sprüngen. Das Konzept, das den nachfolgenden Übungen zugrunde liegt, findet sich bei Erdrich (2020) und basiert auf Forschungserkenntnissen der vorderen Kreuzbandverletzungsprophylaxe. Hierbei kommt dem „Stören des bekannten Bewegungsablaufs" durch wackelige Untergründe, Provozieren von Ermüdung, Schaffen von unerwarteten Bedingungen (kurzfristige Richtungsvorgaben) und äußeren Krafteinwirkungen (z. B. Therabandzug oder unvorhergesehene Schubser in der Luft) eine besondere Bedeutung zu. Um einen größtmöglichen Lerneffekt im Hinblick auf die tatsächlichen Risikosituationen zu erzielen, sollten sich die Übungen – nach den Gesetzmäßigkeiten der Trainingsspezifik – möglichst eng an den technischen Basiskompetenzen orientieren bzw. einen direkten Transfer zu den zugehörigen Spielanforderungen gewährleisten.

Merke: Für einen optimalen Trainingsreiz und um die Bewegungsqualität unter stetig erschwerenden Bedingungen stabilisieren zu können, bedarf es einer sukzessiven Steigerung des Schwierigkeits- und Komplexitätsniveaus. Bei den folgenden Übungen werden jeweils Progressionsbeispiele mit angegeben. Dabei steht die vorgeschlagene, abgebildete Übung nicht immer am Anfang der methodischen Reihe.

Hinweis: Beim Training auf instabilen Untergründen wirken andere Kräfte und eine andere neuromuskuläre Ansteuerung als auf dem „harten" Hallenboden, auf dem sich die Verletzungen ereignen. Das übergeordnete Ziel Abstopp-, Richtungswechsel- und Landemanöver auf dem „harten" Hallenboden sicher ausführen bzw. abfangen zu können, sollte nicht aus den Augen verloren werden und im Sinne eines „Techniktrainings" im normalen Spielbetrieb stetig kontrolliert werden. Hier wird das progressive funktionelle Koordinations- und Stabilisationstraining optimal durch Sprungkrafttraining jeglicher Art (vor allem Plyometrie) ergänzt, bei dem immer ein besonderer Wert auf die Bewegungsqualität gelegt werden sollte.

HINWEIS

- Alle Übungen werden ohne Schuhe ausgeführt, um einen besseren sensorischen Input über die Fußsohle zu gewährleisten!

BEINACHSE ERLERNEN / ERSPÜREN

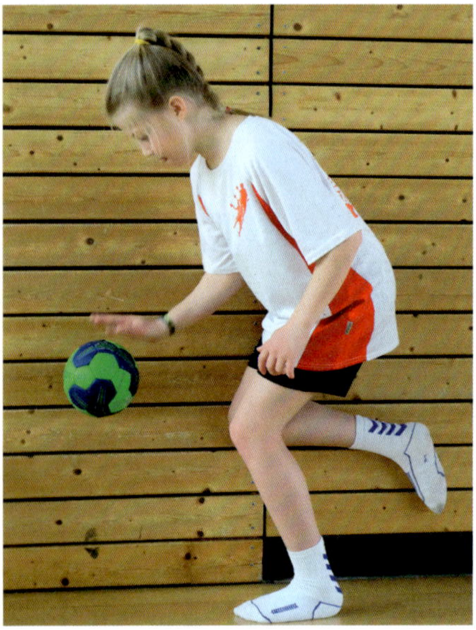

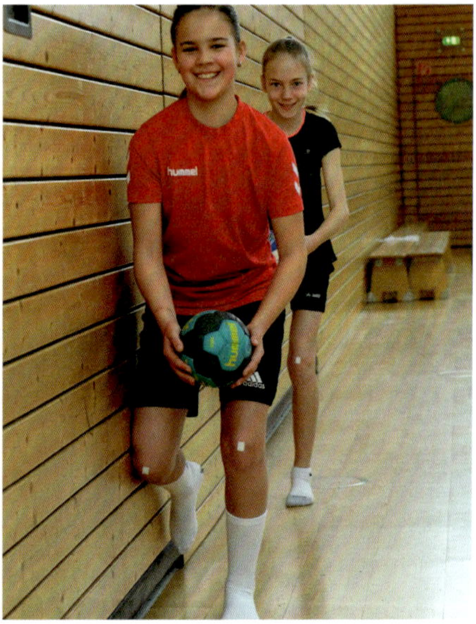

Die Kinder stehen einbeinig mit 45° Kniebeugung ca. 20 cm von einer Wand entfernt. Das unbelastete Bein an der Wand wird 90° gebeugt und hat nur mit dem Knie Kontakt zur Wand, das Becken ist frei. Die Kinder stabilisieren den Fuß über die drei Druckpunkte großer und kleiner Fußballen und Ferse (= Fußgewölbe aufbauen und „Steigbügelmuskulatur" – hinterer Schienbein- und langer Wadenbeinmuskel – aktivieren). Das Knie des unbelasteten Beines drückt gegen die Wand, als wollte man die Wand wegschieben (Abduktoren erspüren!). Derselbe Druck wird auf dem Standbein aufgebaut, aber Achtung: Ohne den großen Zehballen vom Boden zu lösen! Die Hüfte ist leicht gebeugt. Der Oberkörper ist mit geradem Rücken leicht vorgeneigt und befindet sich im Lot. Die Becken- und die Schulterlinie verläuft parallel zum Boden. Augen schließen und Muskelspannung „spüren". Als zusätzliches externes Feedback kann unter den großen Zehballen ein Geldstück gelegt werden.

Zusatzaufgabe: Ball prellen

BEINACHSE HALTEN GEGEN WIDERSTAND AM KNIE

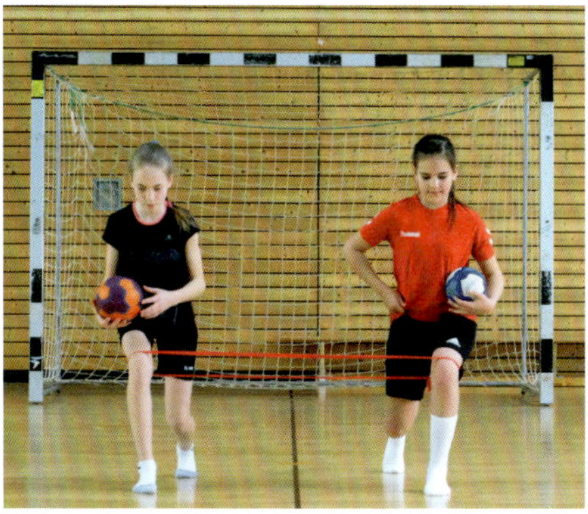

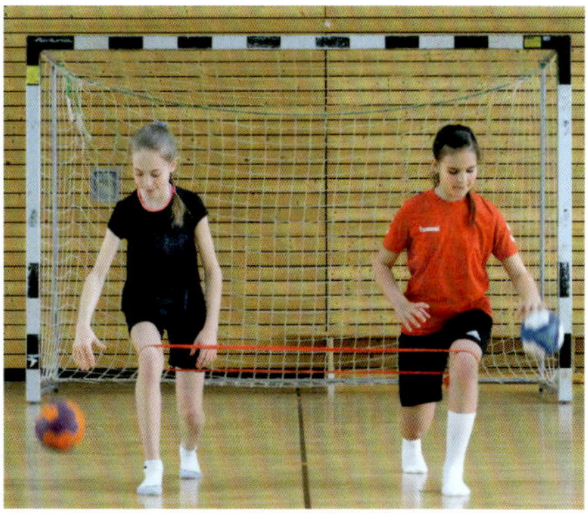

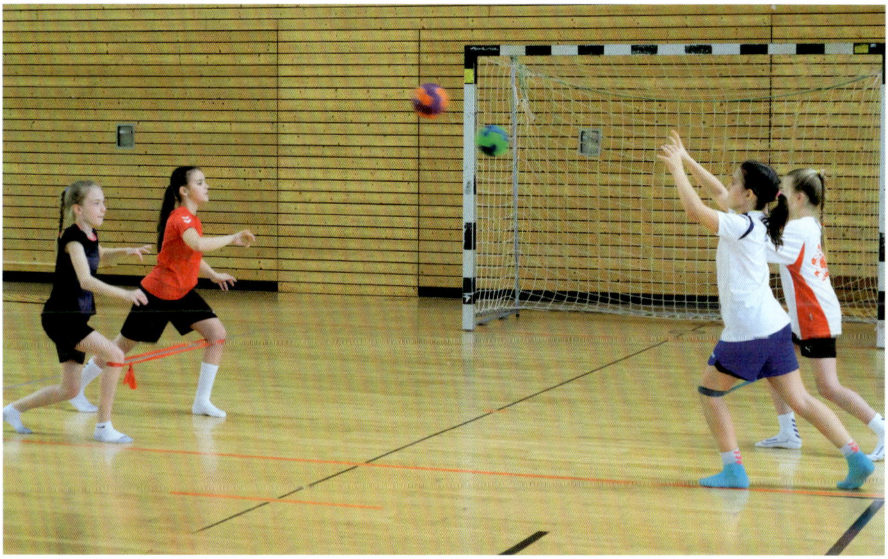

Jeweils zwei Kinder steigen in ein zusammengeknotetes Theraband und stehen parallel zueinander im Ausfallschritt (hinteres Knie gebeugt). Das äußere Bein ist vorne. Das Theraband wird entweder oberhalb des Knies (= einfacher, s. Fotos) oder unterhalb des Knies (= schwieriger) positioniert. Wenn die Position sauber gehalten werden kann, darf geprellt werden, entweder auf derselben Seite wie das vordere Bein oder mit der Gegenhand. Gelingt das Prellen können sich die Kinder paarweise zupassen.

PROGRESSION

- Beinachse (BA) statisch
- BA plus Ball prellen (s. Fotos oben)
- BA plus paarweise Ball zupassen (s. Fotos unten)
- BA plus Kniebeugen ohne Ball
- BA plus Kniebeugen mit Ball: Runter beim Fangen, hoch beim Abwerfen
- Dieselben Übungen im Einbeinstand

BEINACHSE HALTEN TROTZ WACKELIGEM UNTERGRUND

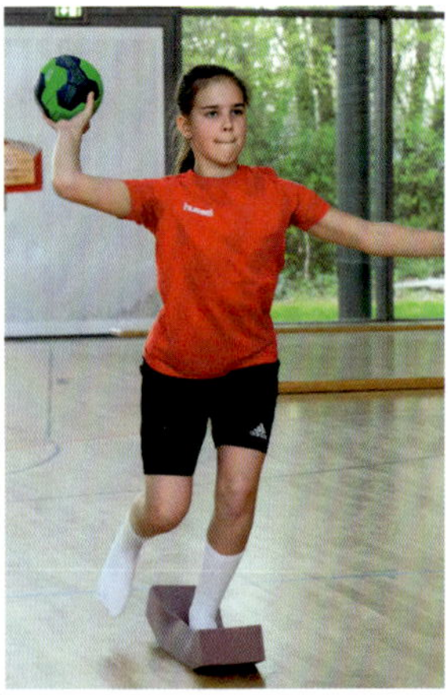

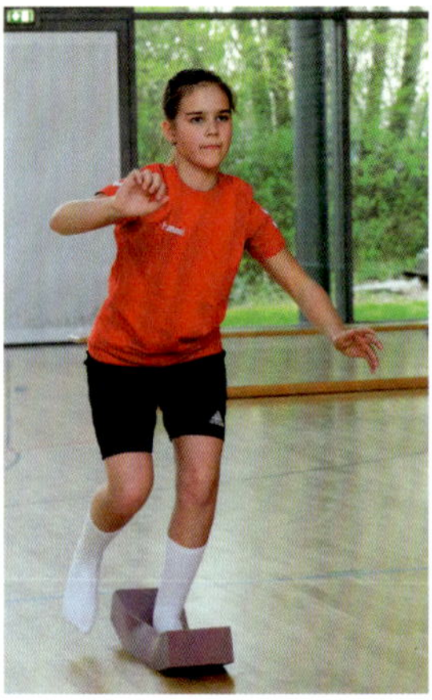

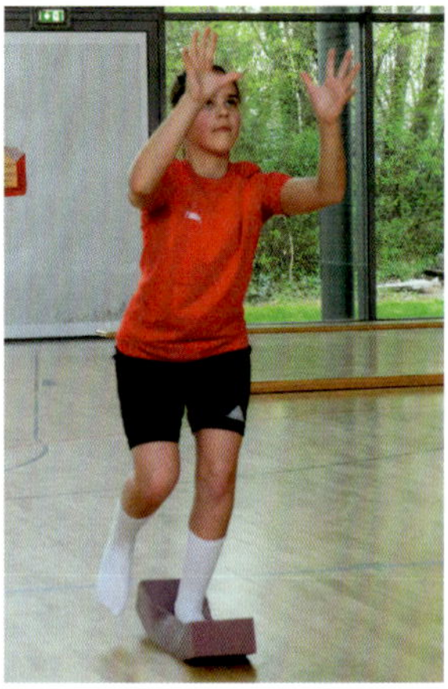

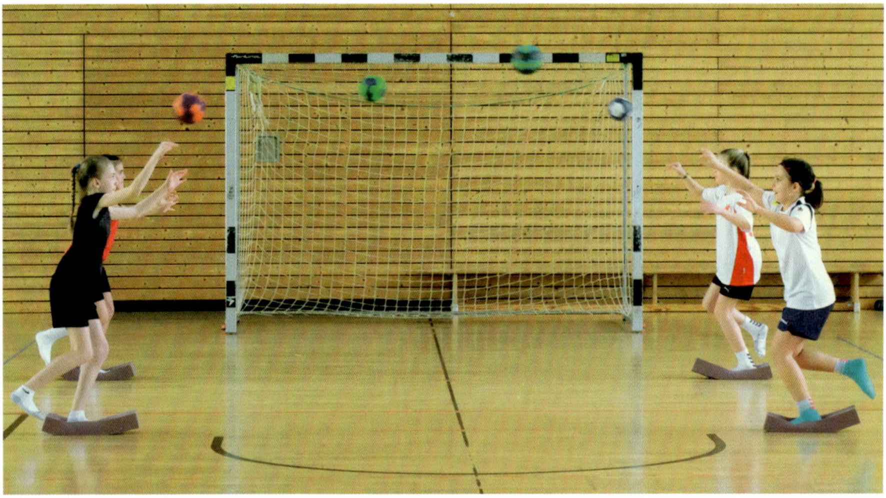

PROGRESSION

- Stabiler Stand
- Zusatzbewegungen des Spielbeines
- Augen zu
- Plus Ball, prellen oder gegen die Wand.
- Paarweise mit Ball, erst ein Ball, dann zwei Bälle (s. Foto unten)
- Mit Ball plus Kniebeugen: Runter beim Fangen, hoch beim Abwerfen

Die saubere Beinachse wird umgesetzt in den stabilen Einbeinstand auf einem wackeligen Untergrund (Schaumstoffbalken, Kippelbrett, Kreisel): Drei Druckpunkte am Fuß, Knie ca. 45° beugen und über den ersten und zweiten großen Zeh bringen, Gesäß nach hinten absetzen, so dass die Fußspitze trotz Kniebeugung gerade noch gesehen werden kann, leichte Hüftbeugung, Brust raus „Medaille tragen", Schultern tief. Nachdem der stabile Stand beherrscht wird, kann der Ball hinzugenommen werden.

Achtung Wurfarm: Ellbogen hoch!

GANZKÖRPERSTABILITÄT MIT UNEBENEM UNTERGRUND

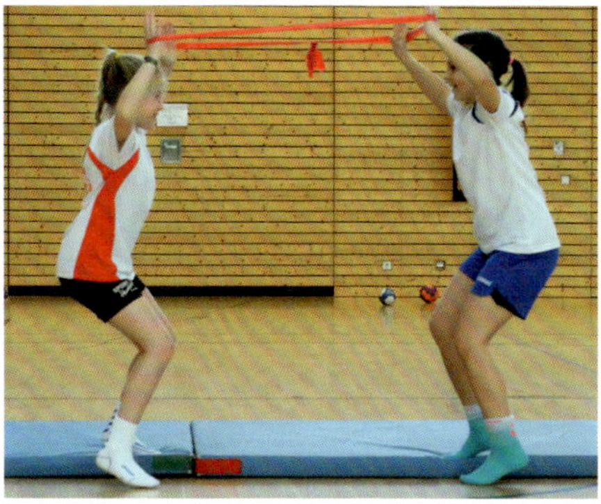

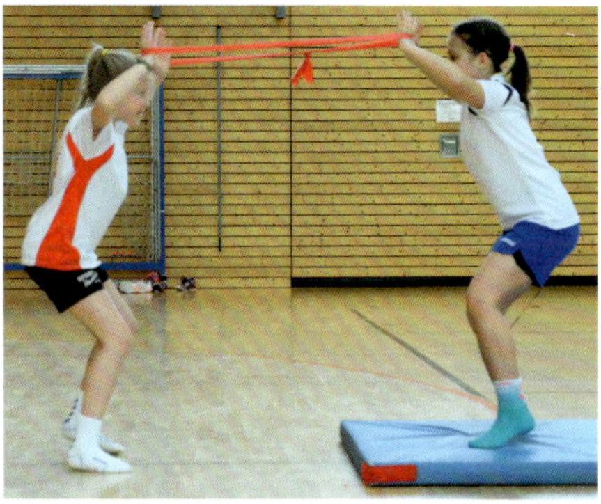

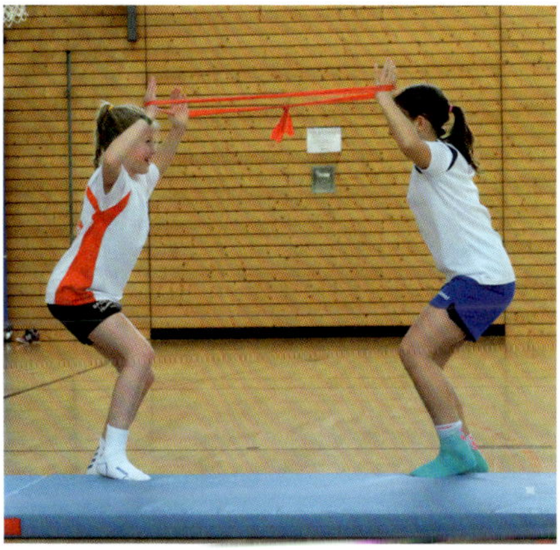

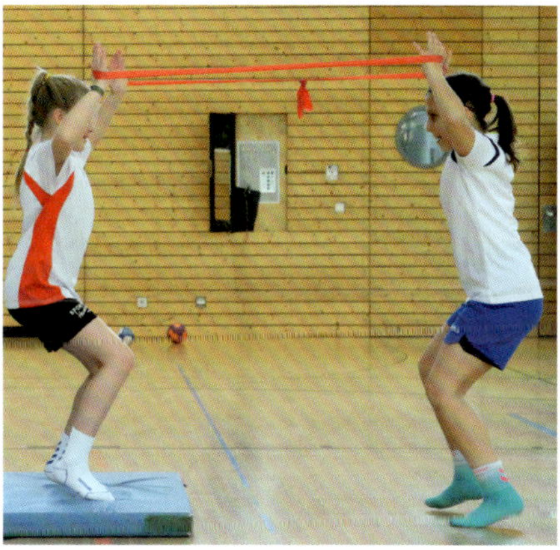

Ausgangsposition ist ca. 60° Kniebeugung, Oberkörper leicht vorgeneigt mit den Armen in U-Halte (Ellbogen auf, bzw. leicht über Schulterhöhe). Zwischen den Händen wird ein zusammengeknotetes Theraband gespannt (Achtung: Handgelenke stabil!). Die Bewegungsaufgabe ist, die Füße mit maximaler Frequenz zu bewegen, während die Oberkörperspannung bis in die Fingerspitzen gehalten wird. An die „Medaille" auf der Brust denken! Die Kinder bewegen sich auf das Kommando der Trainer (akustisch) nach rechts / links / vorne / hinten oder reagieren auf den Partner (optisch / taktil). Dabei ist darauf zu achten, dass die Spannung des Bandes gleichbleibt.

Merke: Da die Kinder sich gegenüberstehen, sind als akustische Kommandos räumliche Merkmale wie „Tor", „Fenster" etc. für die Richtungsänderung zu verwenden. Der variierende / unebene Untergrund forciert zusätzlich die Sprunggelenkstabilität.

PROGRESSION

- Bewegungsqualität erarbeiten – am Ort (ohne Matten)
- In der Fortbewegung rechts / links / vorwärts / rückwärts
- Über Matten am Boden (= unebener Untergrund, s. Fotos)
- Wie oben plus unterschiedliche Kniebeugewinkel, „Aufzug"

KOMPLEXAUFGABE

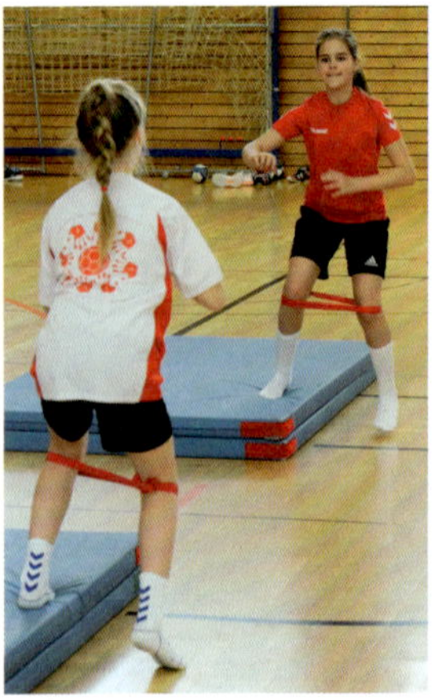

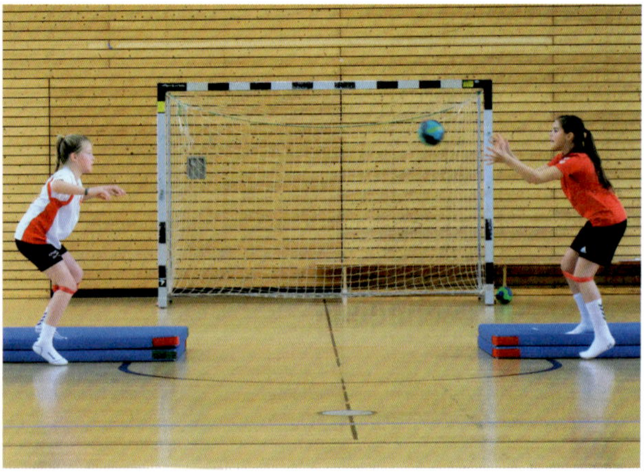

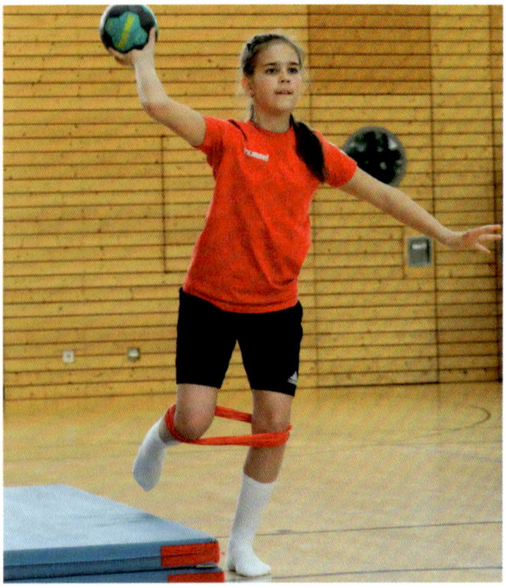

Die Kinder stehen sich gegenüber, ein Bein auf einem doppelten Mattenstapel, ein Bein auf dem Boden. Ein Theraband oder Miniband wird so um die Kniegelenke gespannt (leicht oberhalb oder unterhalb des Gelenkspalts, vgl. Übung 2, „Beinachse halten gegen Widerstand am Knie"), dass im schulterbreiten Stand eine leichte Spannung und im breiteren Stand eine etwas stärkere Spannung vorliegt, durch die eine X-Beinposition provoziert wird. Das Kind ist aufgefordert, aktiv gegen diese Spannung gegenzuhalten. Dies sollte über die Abduktoren geschehen (vgl. Übung 1, „Beinachse erlernen / erspüren") ohne den großen Zehballen vom Boden zu lösen. Im stabilen Stand an die drei Druckpunkte am Fuß denken. Die Bewegungsaufgabe ist, die Füße unter Beibehaltung der Beinachse mit maximaler Frequenz auf den beiden unterschiedlichen Untergründen zu bewegen und gleichzeitig einen Ball hin und her zu passen.

Achtung Kontrolle Fußposition! Die Fußspitze zeigt nach vorne zum Partner, bzw. ganz leicht nach außen, nicht außenrotiert zur Seite!

PROGRESSION

- Nur Band ums Knie und Beinachse halten in Bewegung
- Plus unterschiedliche Untergründe auf dem rechten und linken Bein (s. Foto li oben)
- Wie oben plus Ball passen (s. Foto re oben)
- Plus auf Kommando Abstoppen und auf dem jeweiligen Untergrund 2 Sekunden stabilisieren (s. Foto unten)

BEINACHSE HALTEN GEGEN WIDERSTAND AM RUMPF UND ROTATIONSTABILITÄT STATISCH

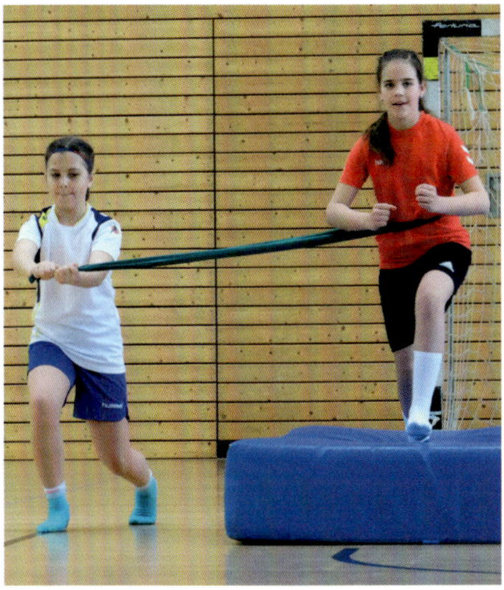

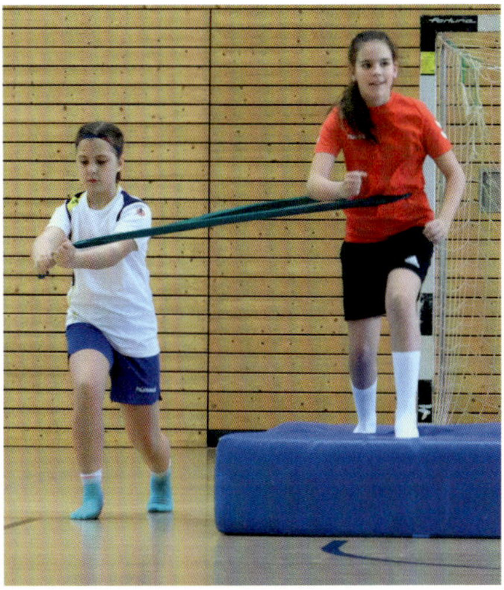

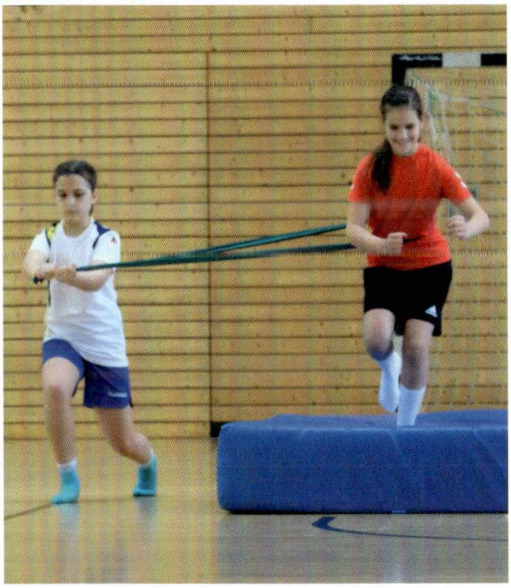

Jeweils zwei Kinder stehen parallel zueinander im Ausfallschritt. Ein Kind steht auf einer Weichbodenmatte mit einem zusammengeknoteten Theraband um die Taille, das andere Kind auf dem Boden mit den Enden des Therabandes auf Brusthöhe vor dem Körper (Arme leicht gebeugt, hinteres Knie gebeugt). Beide Kinder haben das äußere Bein vorne. Das Band ist gespannt, so dass beide den Widerstand gut spüren, es sollte nicht durchhängen! Das Kind auf der Matte springt reaktiv abwechselnd auf das vordere und das hintere Bein. Auf Kommando des Trainers stabilisiert es für 2 Sekunden, um dann die reaktive Bewegung wiederaufzunehmen (= Richtungswechsel, bzw. Abstoppen aus der Vorwärts-, bzw. Rückwärtsbewegung mit Rumpfstabilität und Ermüdung). Das Kind am Boden trainiert über den langen Hebel der Arme die Rotationsstabilität des Rumpfes.

PROGRESSION

- Skippings auf der Stelle und stabilisieren
- Wie oben mit Augen zu
- Im Ausfallschritt reaktiv vor / rück und stabilisieren (s. Fotos)
- Langes reaktives Arbeiten (Ermüdung+) und stabilisieren.
- Zug des Therabandes von der Richtung her variieren

ROTATIONSSTABILITÄT DYNAMISCH PLUS WIDERSTAND ÜBERKOPF

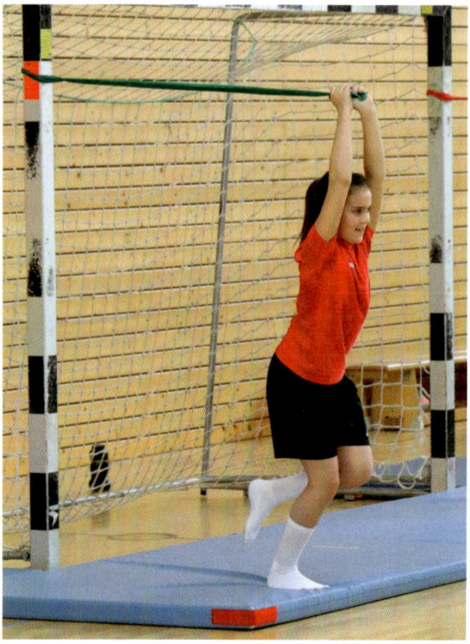

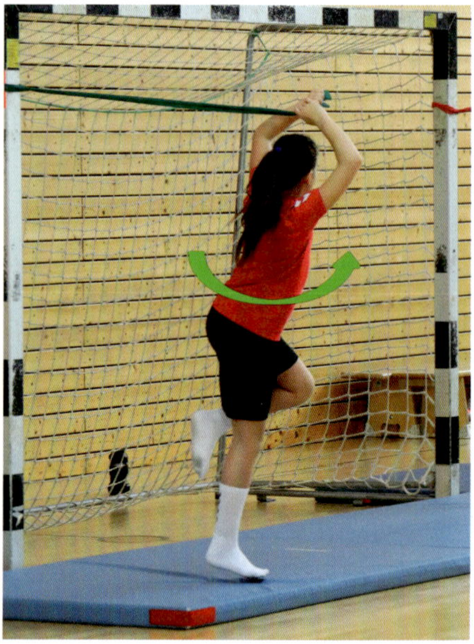

Die Kinder stehen einbeinig auf Turnmatten mit Therabändern überkopf ums Tor herum, an dem die Bänder befestigt sind. Sie führen je vier 90° Drehsprünge mit 2 Sekunden Stabilisationsphase aus; zuerst in Richtung des Standbeines (d. h. rechts herum, wenn das Standbein rechts ist = einfacher) dann in Richtung des Spielbeins (in diesem Fall links herum = schwieriger, s. Fotos). Danach wird das Bein gewechselt.

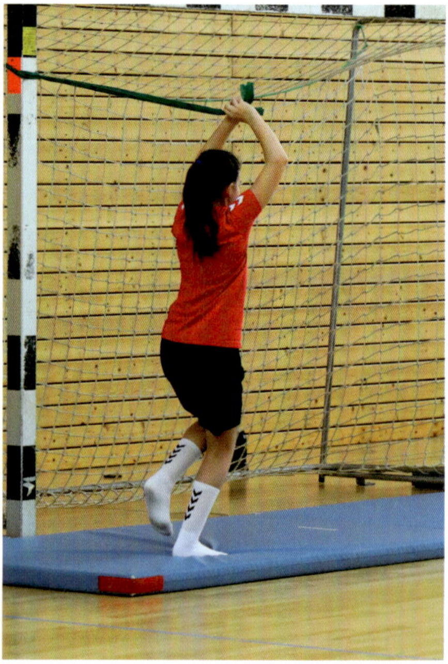

PROGRESSION

- Wahl des Beines (s. o.)
- Augen zu
- Stärkerer Kniewinkel
- Richtungsvorgabe auf akustisches Kommando

SEITLICHES LANDEN, ABSTOPPEN UND RICHTUNGSWECHSEL ERARBEITEN

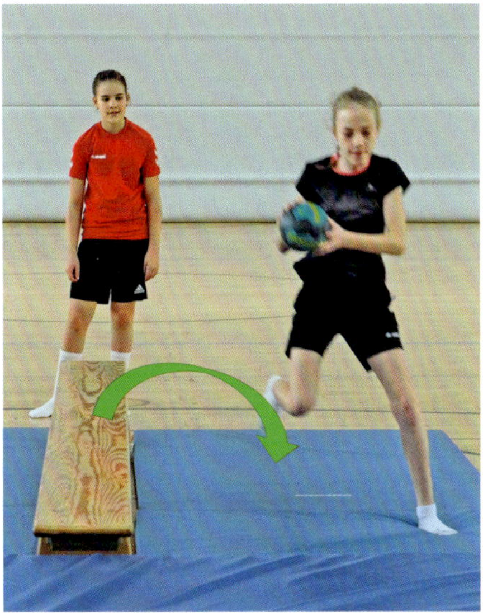

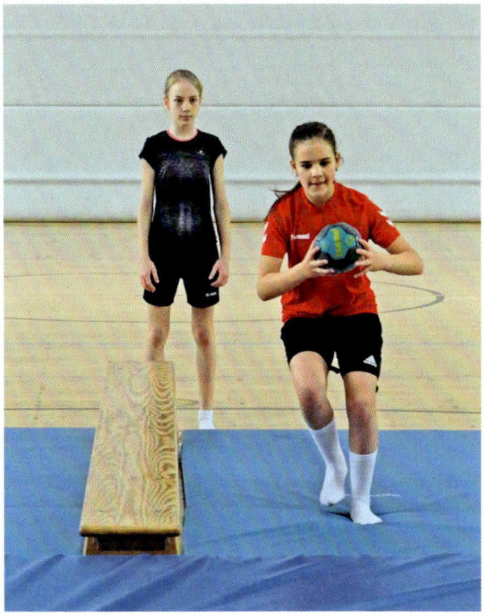

Im Sinne eines „overload"-Trainings wird das seitliche Abstoppen von einer Erhöhung (Bank / Kastenoberteil) ausgeführt. Das Abstoppen erfolgt auf zwei Matten, später auf einer Matte und letztendlich z. B. von einem Stepper oder Kastenoberteil auf dem Hallenboden. Zunächst ohne Ball, abwechselnd rechts / links mit jeweils 2 Sekunden Stabilisationsphase. Wenn dies gelingt, kann der Ball beim Zurückspringen auf die Bank / Wechsel zur anderen Seite einmal auf der Bank geprellt werden, um ihn dann in der Landephase wieder zu fangen.

Wichtig: Die Landung erfolgt **sanft** und **sicher** (vgl. Übung Sprungwurf mit „Stören" in der Luft).

PROGRESSION

- Ohne Ball, langsame Ausführung mit 2 Sekunden Stabilisation nach der Landung
- Zunehmend schneller (Bodenkontaktphase verkürzen), bis letztendlich reaktive Bewegungsaufgabe
- Mit Ball, langsam
- Mit Ball zunehmend schneller
- Ball wird in die Landephase von vorne zugepasst
- Mit unerwarteter Richtungsvorgabe von Seiten des Trainers oder einem Partner (akustisch/optisch)

OBERKÖRPER UND BECKENSTABILITÄT

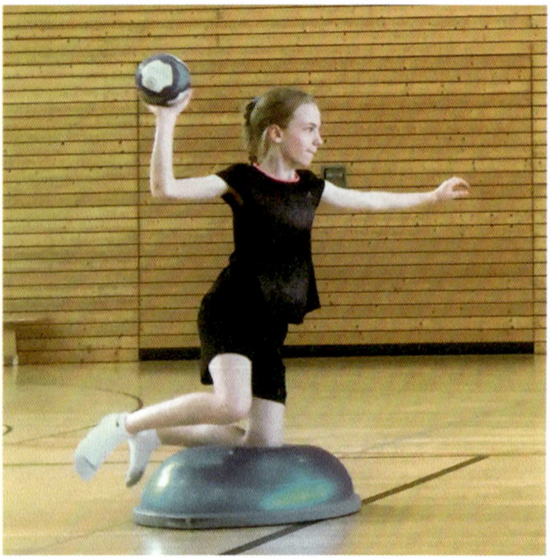

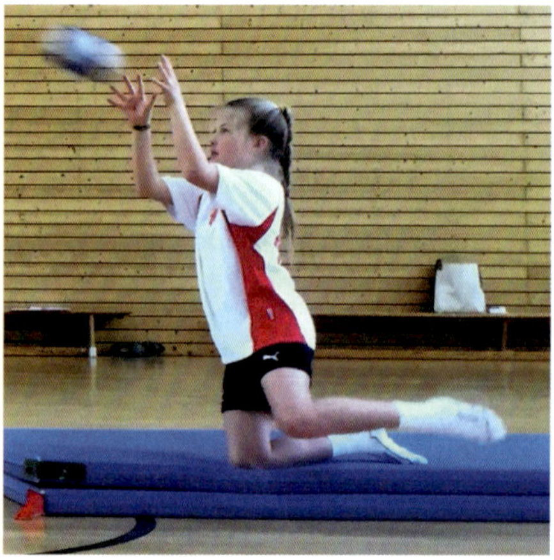

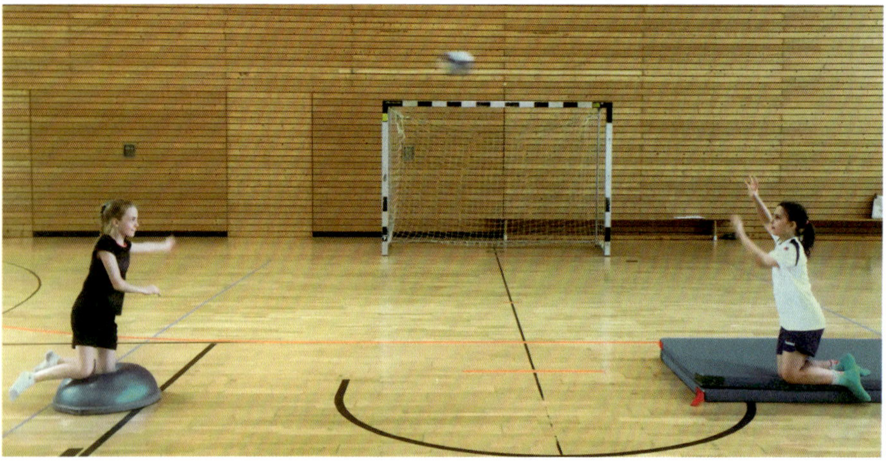

PROGRESSION

- Ohne Ball das Gleichgewicht halten (Augen offen und geschlossen)
- Mit Ball, Augen offen
- Mit Ball, Augen zu, auf Kommando des Partners (der kurz bevor er den Ball passt, den Namen ruft) die Augen öffnen und den Ball fangen (= Überraschungsmoment, da sich der Ball schon in der Luft befindet, wenn die Kinder die Augen öffnen. Sie können die Flugbahn nicht aufgrund der Abwurfbewegung vorhersehen)

Die Kinder knien einbeinig auf einem BOSU (s. Foto). Wahlweise zweifacher Mattenstapel, Weichbodenmatte oder anderer weicher Untergrund). Das freie Bein ist 90° im Knie gebeugt und seitlich abgespreizt, so dass es die Unterstützungsfläche nicht berührt. Die Hüfte ist bestmöglich gestreckt (!), der Oberkörper gerade / aufrecht. Die Kinder passen sich einen Ball zu (Brustpass, Bodenpass, Schlagwurfpass) und versuchen sowohl beim Abwurf als auch beim Fangen (2 Sekunden halten, bevor zurückgepasst wird) stabil zu bleiben.

SPRUNGWURF MIT STÖREN IN DER LUFT

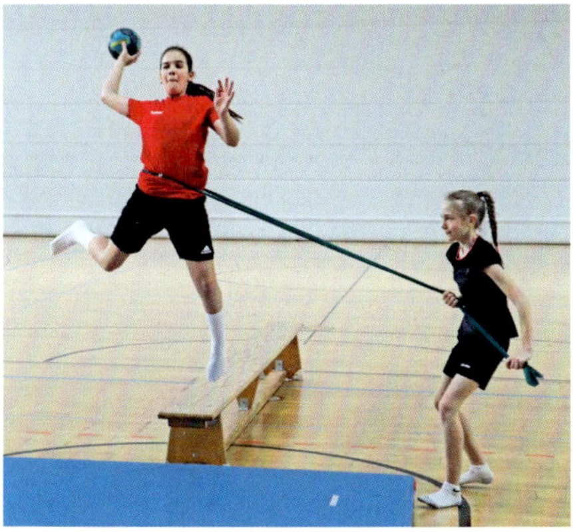
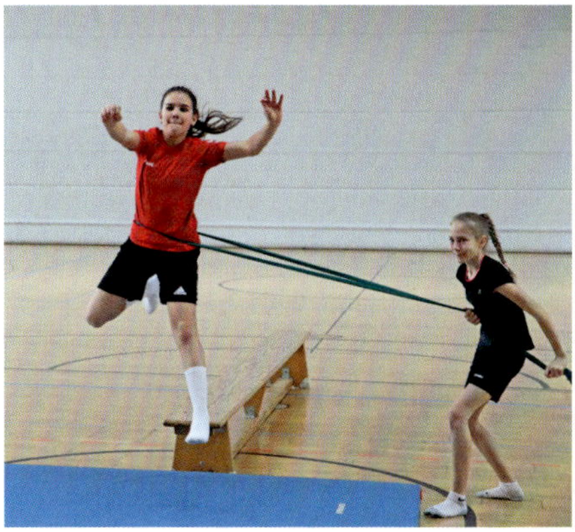
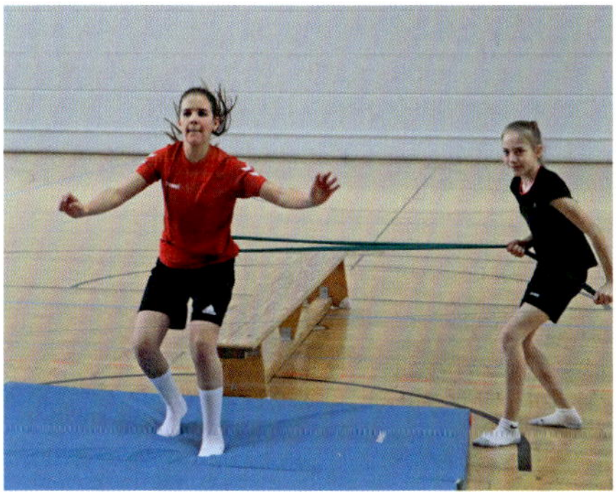
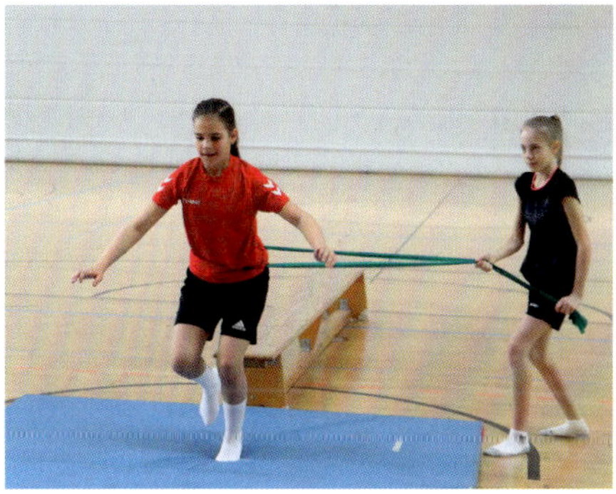

Ein Kind steigt in ein zusammengeknotetes Theraband und positioniert es auf Taillenhöhe. Das andere Ende wird von einem Partner gehalten. Der Werfer führt mit ein bis zwei Schritten Anlauf einen Sprungwurf von einer Bank auf eine davorliegende Matte aus. Erst ohne Ball, dann mit Ball. Während er/sie sich in der Luft befindet, zieht der untenstehende Partner am Band, um den Werfer in der Luft zu „stören". Die Landung erfolgt sanft (gutes Abrollen des Fußes über den Fußballen in eine saubere Knie- und Hüftbeugung (Bodenreaktionskräfte „schlucken") und sicher (Beinachse, Becken und Oberkörper stabil) auf der Matte. Die Übung ist erst nach zwei Sekunden sicherem Stabilisieren im Einbeinstand (ca. 45–60° Kniebeugung) beendet.

PROGRESSION

- Ohne Ball
- Mit Ball
- Zug von der Seite des Landebeines (s. Fotos)
- Zug von der gegenüberliegenden Seite des Landebeines (= schwieriger)
- Ohne Ball mit unerwarteten Richtungsvorgaben zum Landen von Seiten des Trainers oder einem Partner (akustisch/optisch). D. h. das Kind springt entweder in Richtung des Absprungbeines (= einfacher), oder in Richtung des Spielbeines (= schwieriger für die Kniegelenkstabilität, da die X-Beinposition bei der Landung stärker provoziert wird)
- Mit Drehung im Sprung

LITERATUR

Coté, J., Horton, S., MacDonald, D. & Wilkes, S. (2009). The benefits of sampling sport during childhood. **Physical and Health Education Journal, 74** (4), 6-11.

Deutscher Handballbund (2009). **Rahmentrainingskonzeption des Deutschen Handballbundes für die Ausbildung und Förderung von Nachwuchsspielern.** Münster: Philippka.

Deutscher Handballbund (2017). **DHB-Rahmentrainingskonzeption.** Zugriff am 20. Mai 2019 unter unter http://www.dhb-trainercenter.de/dhb- rahmentrainings-konzeption

Eisele, A., Hahn, H.-G. & Wrara, S. (2009). **Bewegung, Spiel und Sport in der Schule. Schul-Handball statt Handball in der Schule.** Ministerium für Kultus, Jugend und Sport.

Eisele, A. & Hahn, H.-G. (2015). **Handball für die Grundschule.** Dortmund: Deutscher Handballbund.

Emrich, A. (2007). **Spielend Handball lernen.** Wiebelsheim: Limpert.

Erdrich, S. (2020). **Verletzungsprophylaxe im Leistungssport. Effekte von Kraft vs, Koordinationstraining auf biomechanische Risikofaktoren von vorderen Kreuzbandverletzungen.** Wiesbaden: Springer VS.

Gaugisch, M. & Pabst, J. (2018). Wie vermittle ich? So arbeitet ihr mit der RTK. **Handball Training Junior, 03,** 48–52.

Greve, S., Hamann, F. & Krüger, T. (2017). **Handball in Stundenbildern.** Wiebelsheim: Limpert.

Hohmann, A., Kolb, M. & Roth, K. (2005). **Handbuch Sportspiel.** Schorndorf: Hofmann.

Kröger, C. & Roth, K. (2014). **Koordinationsschulung im Kindes- und Jugendalter.** Schorndorf: Hofmann.

Kröger, C. & Roth, K. (2016). **Koordinative Wettkampfformen für Kinder und Jugendliche.** Schorndorf: Hofmann.

König. S. & Husz, A. (2011). **Doppelstunde Handball.** Schorndorf: Hofmann.

LaBella, C. R., Hennrikus, W., Hewett, T. E., Counsil on Sports, M., Fitness & Section on, O. (2014). Anterior cruciate ligament injuried: diagnosis, treatment and prekention. **Pediatrics, 133** (5), e1437–1450.

Pabst, J. & Scherbaum, M. (2018). **Kinderhandball – Von den Minis bis zur D-Jugend.** Münster: Philippka.

Roth, K. (1989). **Taktik im Sportspiel. Zum Erklärungswert der Theorie generalisierter motorischer Programme für die Regulation komplexer Bewegungshandlungen.** Schorndorf: Hofmann.

Roth, K., Damm, T., Pieper, M. & Roth, C. (2014). **Ballschule in der Primarstufe. Sportstunde Grundschule, Band 1.** Schorndorf: Hofmann.

Roth, K., Kröger, C. & Memmert, D. (2002). **Ballschule Rückschlagspiele.** Schorndorf: Hofmann.

Roth, K. & Kröger, C. (2011). **Ballschule – Ein ABC für Spielanfänger.** Schorndorf: Hofmann.

Roth, K., Memmert, D. & Schubert, R. (2006). **Ballschule Wurfspiele.** Schorndorf: Hofmann.

Roth, K., Roth, C. & Hegar, U. (2014). **Mini-Ballschule: Das ABC des Spielens für Klein- und Vorschulkinder.** Schorndorf: Hofmann.

Roth, K. & Zimmer, R. (2017). **Motorik ABC.** Hamburg: Cornelsen.

Schubert, R. & Späte, D. (2009). **Kinder für Handball begeistern.** Münster: Philippka.

Uhrmeister, J. (2014). **Ballspielen lernen – 25 Spiele plus Variationen** (Band 17 der Reihe philippka Training). Münster: Philippka.

Weineck, J. (2010). **Optimales Training.** Balingen: Spitta.